Pa

KiWi 592

Über das Buch

Mein Mann betrügt mich, ich weiß es genau. Mit diesem Satz beginnt eine leidenschaftliche Geschichte um Liebe, Sex und Eifersucht. Die Ich-Erzählerin, eine Journalistin in Berlin, erfährt nach fast 28-jähriger Ehe zufällig, dass ihr Mann, ein Literaturprofessor in Schwaben, ein Doppelleben geführt hat und gerade Vater geworden ist. Er hatte sich mit seinem zweigeteilten Leben gut eingerichtet in der Provinz, während sie in der Hauptstadt nicht einmal ahnte, dass ihre Beziehung in der Sackgasse steckte. Im Gegenteil, sie hatte sich auf die Geburt des gemeinsamen Enkelkindes gefreut. Ein Ehedrama beginnt, eine Achterbahnfahrt der großen Gefühle. Die betrogene Frau protokolliert alle Phasen ihrer sexuellen Eifersucht, ihre Obsessionen und ihren Hass, ihre Angst vor dem fremden Kind, die absurden Versuche ihres Mannes, seine Verstrickungen zu verschleiern, als es nichts mehr zu verschleiern gibt. Sie rechnet mit sich und ihrem Mann schonungslos ab, aber nicht um sich zu rächen, sondern um zu wissen, warum sie ihn nicht verlieren möchte und ob sie ihn auch mit Kind ertragen kann. Ihr Kopf sagt nein, aber dann stolpern beide doch immer wieder über die verrückte Liebe, die sie trotzdem und immer noch füreinander empfinden. Es ist eine große Liebesgeschichte, beklemmend und komisch zugleich, sarkastisch und drastisch und kein bisschen weinerlich.

Die Autorin

Anita Lenz, Jahrgang 1945, ist Journalistin. Die gelernte Buchhändlerin, Historikerin und Politologin hat lange bei einer Berliner Tageszeitung gearbeitet und schreibt gegenwärtig an einem Buch zu einem zeitgeschichtlichen Thema.

Anita Lenz

WER LIEBT, HAT RECHT

Die Geschichte eines Verrats

Roman

Kiepenheuer & Witsch

1. Auflage 2000

Umschlaggestaltung: Barbara Thoben, Köln
Umschlagmotiv: Christine Reinckens
Gesetzt aus der Palatino
Satz: Greiner & Reichel, Köln
Druck und Bindearbeiten: Clausen & Bosse, Leck
ISBN 3-462-02949-5

Mein Mann betrügt mich, ich weiß es genau. Vorgestern sind wir aus Italien zurückgekommen, Familienostern mit Gästen, bunten Eiern, Passcha, Piroggen und festlichem Frühstück, wie gewohnt nach russischer Art. Zehn Tage Umbrien in der Frühlingssonne, viel Wein, viel Gequatsche, viel Gelächter, auch der Hund bester Laune. Nichts, aber auch überhaupt nichts kündigte ein Erdbeben an, oder mein Seismograph funktionierte nicht. Helmut und ich reisten am Donnerstag ab, am Wochenende habe er eine Konferenz in Heidelberg. Die Nacht wie üblich in Tübingen und auch das übliche Aufwiedersehen. Ihn rufe die Konferenz, jetzt gleich, aber in München, nicht in Heidelberg, der Zug fahre in zwei Stunden. Mich ruft Berlin, der Schreibtisch mit dem erst zu einem Drittel fertigen Sachbuch. Er komme wahrscheinlich schon in dieser Nacht zurück, spätestens am Montag sähen wir uns in Berlin. Kuss, danke schön, ein Krauler für den Hund. Wir telefonieren, heißt die Formel für bis bald.

In Berlin die Katastrophe, der GAU, wie lächerlich im Nachhinein. Um das Haus steht ein Gerüst, die Bauarbeiten sind monatelang angekündigt, wer hätte an einen Ernstfall noch gedacht. Die Fenster sind mit grünen Plastikfolien verklebt, die Sonne scheint herein, und es sieht aus wie im Leichenschauhaus. Anruf in Tübingen, natürlich Anrufbeantworter. Helmut, Helmut, die Katastrophe, der Ernstfall, der GAU, wie soll ich denken, schreiben, wenn der Presslufthammer dröhnt und Mikrostaub sich durch Plastikfolien und geschlossene Fenster auf den Computer legt. Hilfe, Trost, wenigstens ein paar aufmunternde Worte, ich warte, Italien war so schön.

Keine Reaktion am Samstag, keine am Sonntag, keine Reaktion am Montag, wie gemein. Anruf im Institut. Der Herr Professor ist in Berlin, weiß die Sekretärin. Aber der Herr Professor ist nicht in Berlin und kommt auch nicht wie angekündigt am Montagabend. Dafür ein Handygespräch mit unserem Sohn. Er komme 24 Stunden später als geplant, informiert er Andreij, also Dienstagabend, es tue ihm Leid, es habe Verzögerungen gegeben, aber am Mittwoch, dies wisse er genau, könne er ihn zu seinem Prozess um den Autounfall in Tschechien begleiten. Grüße an Maja, er freue sich, uns bald zu sehen.

Dienstagabend erscheint er dann. Freundlich, die Arme weit geöffnet. Das Berufsleben ist eben so, immer kommt was dazwischen. Ich bin wie gefroren, ich weiß, er lügt. Meinen Katastrophenanruf will er nicht empfangen haben. Was, ein Baugerüst steht vor dem Haus? Er hat es beim Hereinkommen nicht einmal gesehen. Mit seiner Verspätung solle ich mich nicht anstellen, er habe mir seine Terminschwierigkeiten doch aufs Band gesprochen. Hast du nicht. Habe ich doch. Hast du nicht. Habe ich doch. Hast du nicht. Ein blödes Geplänkel ist es, ein lächerlicher Nebenschauplatz. Ich gehe wütend ins Bett, für ihn stehe die Gästekammer bereit. Zum Prozess würde ich nicht mitkommen, ein Elternteil reiche für einen 27-Jährigen, der selbst bald Vater wird.

Das Landgerichtsurteil fällt milde aus, Andreij, die schwangere Beinaheschwiegertochter und Helmut gehen frühstücken. Ich komme hinzu, meinem Mann kann ich nicht in die Augen sehen, picke ihm nur ein wenig Rührei vom Teller. Ein Gespräch will nicht in Gang kommen, auch in der schönen Altbauwohnung nicht, mit dem ekligen

Gerüst und der grünen Plastikfolie vor den Fenstern. Die Großflasche Dior Parfüm, Marke Opium, die ich am Morgen auf dem Küchentisch gefunden habe, will ich nicht annehmen. Ich brauche keine Blumen aus Bangkok, und obendrein ist es die falsche Sorte. Ich versuche Business as usual, korrigiere ein wenig das Sachbuch, tue so, als ob mich die amerikanische Besatzungszeit ernsthaft interessiere. Ja, du hast Recht, sagt er plötzlich und zündet sich die zehnte Zigarette an diesem späten Vormittag an, ich habe dich belogen. Ich war nicht in Tübingen. Aber die Wahrheit könne er mir im Moment nicht sagen. Vielleicht später. Aber ich brauchte mir keine Sorgen machen. Alles sei ganz anders, als ich denke. Es gebe keine Liebe neben mir. Wirklich nicht. Aber es gebe da eine Ausnahme. Oder eine Ausnahmesituation. Mit mir habe sie nichts zu tun, rein gar nichts. Wieso auch? Er habe immer nur mich geliebt, liebe nur mich. Er will mich umarmen, aber ich stehe vom Schreibtisch nicht auf. Von seinen Einmetervierundneunzig beugt er sich herunter, streichelt meine Brüste, ach Susi, Süße, glaub mir, es ist nur eine Ausnahme, mehr kann ich jetzt nicht sagen.

Ich bleibe cool und pädagogisch und sitzen, es fällt mir nicht leicht. Er solle bitte wieder nach Tübingen fahren, er dürfe wiederkommen, wenn er wieder beieinander sei, er sei ja gar nicht mehr er selber. Auch ich würde ihn lieben, im Prinzip natürlich, nicht immer und zu jeder Zeit, das wisse er doch. Das müsste er doch wissen, wenn er nicht total bescheuert sei. Aber im Moment könne ich ihn nicht ertragen, sein Gestottere sei zu dämlich und das Gerede von der Ausnahme erst recht.

Er fährt tatsächlich ab, die Umarmung an der Tür ist traurig. Ich lehne meinen Kopf an seine Schulter, seinen Kuss erwidere ich nicht. Er ist weg. Ich vermisse ihn schon eine Minute später. Mein Gott, er hat mich doch nicht zum ersten Mal betrogen. Warum mache ich kein Theater, keinen hübschen Rabatz, liefere ihm nicht einen dramatischen Auftritt mit einer leidenschaftlichen Versöhnung, aufgeputscht durch die Ausnahme? Was ist schon eine Ausnahme in unserer 27-jährigen Ehe? Maja, bleib auf dem Teppich! Du bist schön, intelligent, interessant. Wir waren eben in Italien, und das ist noch schöner gewesen.

Oder hat er sich mit seiner Ausnahme doch schon vor dem Osterurlaub arrangiert? Hat sich die ganze Zeit, in der wir Händchen hielten und uns in den kalten Nächten aneinander kuschelten, schon auf das Ausnahmewochenende gefreut? Hat sich das neue Handy vielleicht nur deshalb gekauft, damit er die Ausnahmezicke bequem aus unserem umbrischen Loch anrufen kann? Oder ist die Ausnahme ein spontanes Konferenzliebchen, eine supertolle, supergeile, superintelligente, superhübsche Professorenkollegin, Assistentin, Beamtin aus dem bayerischen Kultusministerium? Er war doch in München, um in der Akademie der Wissenschaften über Hochschulabschlüsse im vereinten Europa zu reden? Oder war er doch in Heidelberg auf einer Vorstandssitzung von irgendwas? Wo zum Teufel war er eigentlich?

Auf seinem Schreibtisch finde ich eine Quittung vom Duty-free-Shop in Stuttgart. DM 178,80, bezahlt am Freitag mit der Eurocard. 178,80? Im Duty-free in Stuttgart? Seit wann fliegt man nach München oder Heidelberg über Stuttgart, seit wann darf man da im Duty-free einkaufen? Und die Großflasche Opium, so groß ist sie nun auch wieder nicht, kostet maximal 120 Mark ohne Steuern. Hat er zwei Flaschen gekauft, eine große für mich und eine kleine für die Ausnahme? Immerhin, dieser Idiot weiß wenigstens, was sich gehört! Wo zum Teufel war er nun? Wann ist er am Dienstagabend eigentlich angekommen? War es zehn oder elf? Welche Flüge kommen eigentlich zwischen neun und zehn in Tegel an? München 21.10. Marseille um 21.15 und Mailand 21.40. München also! Also doch Konferenzgewitter, also doch Ausnahme, Duty-free kann jeder kaufen, wenn er den vollen Preis bezahlt. 178,80 Mark könnte hinhauen! Aber warum kauft er die Flasche vor dem Flug und nicht hinterher, wie es sich für betrügende Ehemänner gehört?

Maja, hör mit diesem Gedrehe auf. Erinnere dich, was du hundertmal gesagt hast und immer noch meinst. Hauptsache, ich bin die wichtigste Frau in Helmuts Leben, Hauptsache, ich bin die Nummer eins, mehr will ich gar nicht wissen. Maja, bleib souverän, du bist die wichtigste Frau in Helmuts Leben, du bist die Nummer eins. Gestern, heute und morgen. Männer in Helmuts Position treffen dauernd Frauen der Kategorie drei, vier, fünf oder sex. Wäre ich mit einem stinkenden, pickligen, Aktenkoffer tragenden Langweiler verheiratet, brauchte ich nicht eifersüchtig zu sein. Aber wer will schon einen stinkenden, pickligen, Aktenkoffer schleppenden Langweiler? Ich auch nicht!

Es ist gut, alles wird gut. Helmut hat angerufen, er will am Sonnabend nach Berlin kommen. Unbedingt. Das taz-Geburtstagsfest soll doch gefeiert werden. Als Genosse und Ehemann einer taz-Redakteurin möchte er da nicht fehlen. Ich will dich sehen, sagt er, dieses und das nächste Wochenende auch. Ich will ihn auch sehen, ihn umarmen, stottere ein bisschen ladylike herum. Endlich: na ja!

Nachts um elf treffen wir uns in der taz-Menge. Umarmung, triefende Küsse, ich bin ziemlich erkältet. Wir verlieren uns, ein bisschen mit Absicht, und finden uns um drei Uhr morgens wieder, Prosecco hier, Prosecco dort, immer in der Gruppe. Vor dem Fest hatte ich fest vor, mit ihm zu schlafen, nach dem Fest bin ich zu müde und zu verschnupft. Zum zehntausendsten Mal kuschele ich mich in seine Arme und schlafe sofort ein. Auch in der nächsten

Nacht. Kein Wort fällt über die Ausnahme, ich buche sie als solche ab. Nur heimliches Bedauern, dass es zu keiner Verführung kam. Walter, der mit Ulrike auch im Tacheles war, ruft mich an, erzählt, dass er sich scheiden lassen will. Zum dritten Mal. Er habe uns beobachtet und sei fast neidisch. Man würde spüren, wie sehr wir uns mögen. Zu selbstverständlichen Vertraulichkeiten habe es bei ihm nie gelangt, aber gewünscht habe er sie sich sein Leben lang. So was hat er mir nie gesagt, als ich noch mit ihm verheiratet war.

Auch das nächste Wochenende ist schön. Ich schnupfe nicht mehr, fühle mich prima, wir haben viel miteinander telefoniert, ich habe gut gearbeitet. Ein Kleinfamilienwochenende mit Spaziergang zum Elefantenbaby in den Zoo, mit Tatort und Bordeaux am Abend. Viel Geknutsche und Gefummle auf dem Fernsehbett und irgendwann auch mehr. Wir lieben uns auf dem Teppich, ein wenig dramatisch nach all den Nettigkeiten. Aber ich bin froh. Ich war immer froh und erleichtert nach der Liebe, wenn auch selten nachhaltig beeindruckt. Mein Mann fand den Teppich unbequem, er tue es lieber im Bett. In der nächsten Nacht tun wir es im Bett, gucken uns beim Frühstück zweimal in die Augen und lesen dann, wie immer taz und FAZ. Wir besuchen Gabriele in ihrer neuen Dachgeschosswohnung, und Helmut fährt mit dem letzten Zug wieder nach Tübingen. Wir telefonieren ein-, zweimal sehr nett. Kein Wort über die Ausnahme, kein Wort über den Teppich, keine Arrangements für das nächste, das Muttertagswochenende. Keine Frage, was machst du so? Wieso auch? Ich bin schon seit 27 Jahren Mutter, fand den Muttertag immer blöde, und mehr als ein-, zweimal im Monat haben wir uns im Semester nie gesehen.

Am Freitag rufe ich an, am Sonnabendnachmittag schon wieder, ein wenig Tralala auf den Anrufbeantworter. Aber es fängt an zu bohren. Wo ist er? Die Ausnahme war doch eine Ausnahme? Oder? Doch! Oder doch nicht? Um halb zwölf in der Nacht eine rotweinenthemmte Attacke. Er könne mich, wenn er seine Ausnahme weiter pflege, am Arsch lecken. Kopfschmerzen! Hoffentlich ruft er noch an und beschimpft mich zu meinen Beschimpfungen. Aber er ruft nicht an, und auch nicht am Muttertagssonntag. Ich sitze am Computer und starre auf den Bildschirm, das Telefon ist laut gestellt, aber es will nichts nützen. Kälte kriecht in mir hoch, eine Mischung aus Wut, verletzter Eitelkeit und Angst. Zwei unabhängige Ausnahmen in einem Abstand von drei Wochen. Unabhängige? Nein, so flexibel ist er nun auch wieder nicht. Die Ausnahme kann keine Ausnahme gewesen sein. Mein Mann betrügt mich fortgesetzt. Mit wem? Und wo? In Stuttgart? Er betrügt mich, ganz gleich, ob ich mit ihm schlafe oder nicht. Er hat ein festes Verhältnis. So buchstabiert sich Ausnahme; er hat ausnahmsweise eine ernst zu nehmende Geliebte. Eine Nummer zwei.

Um Gottes willen, wie behalte ich bloß einen kühlen Kopf. Ich will nicht, dass er mich am Arsch leckt. Aber ich muss ihm sagen, wo es langgeht, dass er mit mir nicht Schlitten fahren darf, dass ich mich nicht klein machen lassen will. Aber er macht mich klein, er mutet mir Wechselduschen zu. Wenn es ihm passt, mit heißem Wasser – du bist die Größte –, und wenn es ihm passt, mit kaltem – es gibt da eine Ausnahme. Er belügt mich, er zerstört das Wichtigste, was eine Fernehe zusammenhält. Das Vertrauen. Wie kann ich ihm vertrauen, wenn er schon wieder ein Wochenende in Bangkok verbringt. Und das überübernächste vielleicht auch. Was ist eine Ausnahme wert, wenn er ausnahmsweise nicht bei ihr ist?

Nein. Stopp. Entweder – oder! Eine Mätresse kommt nicht in Frage. Wehret den Anfängen? Oder ist sie gar kein

Anfang? Hatte ich ihm nicht schon Mitte November einen Brief geschrieben, in dem ich mich beklagte, dass er keine Zeit mehr für mich habe? Dass ich den Eindruck habe, er verhalte sich zu mir nur noch pädagogisch? Warum er früher immer meine Texte gelesen habe, jetzt offensichtlich aber nur noch an den roten Ampeln. Und hatte ich ihm im Februar nicht gesagt, dass ich einen Besuchskalender anlegen will? Weil er nie da sei, aber behaupte, dauernd da zu sein. Habe ich aus Versehen ins Schwarze getroffen, als ich Gabriele schon im letzten Jahr und Helmut zu Ostern gestand, dass ich – wenn ich nicht genau wüsste, welche Arbeitsbelastung er habe – annehmen müsste, er habe eine Freundin? Ja, so passt alles zusammen. So wird es sein. Er hat eine Freundin. Oh Gott, ein festes Verhältnis, schon seit langem. Und ich Ehemäuschen habe nichts gewittert, mich mit seiner Arbeitsüberlastung stets beruhigt und ihn sogar bedauert. Oh nein. Diese Ratte!

Ich schreibe ein Fax, entschuldige mich für den besoffenen Anruf und das Arschlecken, in der Sache aber bleibe es dabei. Weil er seine Wochenenden lieber in Bangkok als in Berlin verbringe, solle er vorerst alle Hauptstadtbesuche aus seinem Kalender streichen. Auch zum pfingstlichen Freundestreffen käme ich nicht, oder nur, wenn er nicht käme. Ich zittere vor Wut oder wegen der Tränen, und auch, weil er immer noch nicht anruft. Wieso nützt die Drohung nichts? Ich warte und warte. Achgottogottogott. Ich drohe, mir klopft das Herz und zittern die Hände, aber ich hoffe immer noch auf ein Missverständnis. Eine vergessene Konferenz? Die vergesse ich doch dauernd. Kurz vor zwölf Uhr nachts ist er am Apparat. Ach Susi, sagt er, warum redest du mir so einen Unsinn auf das Band und schreibst so bittere Briefe. Ich freue mich doch auf Berlin zu Himmelfahrt, am nächsten Donnerstag, in vier Tagen. Ich platze vor Ungeduld, er weicht aus, ganz klar, er antwortet mit Umwegen. Du Lügner, schreie ich, die Ausnahme ist keine, du hast ein neues Weib, und lege auf. Die nächsten zwei Anrufe nehme ich nicht entgegen, höre aber an der Maschine seine Nachricht ab. Es stimme, er sei nicht in Tübingen gewesen. Es gebe da eine Schwierigkeit. In die könne, wolle er mich nicht hineinziehen. Ich solle ihm vertrauen. Die Schwierigkeit brauche mich nicht zu tangieren, wirklich nicht. Sie habe nichts mit seinem Verhältnis zu mir zu tun, aber auch überhaupt nichts. Das sagt er wörtlich und mindestens zweimal.

Ich soll ihm vertrauen? Noch immer und schon wieder? Sein Bangkok tangiert mich nicht? Seine Bumsereien in Bangkok, Stuttgart oder weiß Gott wo sollen mich nicht tangieren? Weil Möse Möse ist und Ehefrau Ehefrau? Weil es die normalste Geschichte der Welt ist, dass Ehemänner Ausflüge machen? Scher dich zum Teufel, lass mich in Ruhe, faxe ich ihm. Und trinke zwei Gläser Rotwein auf ex, von Ruhe keine Spur. Um zwei Uhr nachts kommt sein Fax. Auf der Suche nach den richtigen Worten, schreibt er, sei ihm dieses Blatt Papier in die Hände gefallen. Es folgen sechs Strophen bittersüße Maja-Analyse, made by Helmut im Jahre 1995, getextet zu meinem 50. Geburtstag, aber nicht vorgetragen. Soll ich weiterschreiben oder beim Teufel bleiben, fragt er. Beim Teufel. Die Analyse hat er mir schon zweimal überreicht und jedes Mal konnte er nicht sagen, warum er sie damals im Jackett gelassen hat. Es ist ein Liebesgedicht mit Fußangeln und Widerhaken. Es ist wirklich gut.

Mein nächstes Fax ist nicht gut. Ich bleibe immer noch dabei, ich will ihn nicht mehr sehen. Erst erzähle er mir etwas von einer Ausnahme, dann von einer Schwierigkeit, morgen vielleicht von einer Katastrophe. Denkbar, er habe eine Freundin zur Abtreibung begleiten wollen/müssen, oder etwas ähnlich Schreckliches. Meine Phantasie ist rabenschwarz, die Gedanken rattern alle Katastrophen durch, der Rotweinkonsum ist enorm, ich habe furchtbare Angst. Da ist irgendetwas Großes, so groß, dass es ihm ausnahmsweise nicht gelungen ist, es zu verstecken. Das ist die Schwierigkeit. Schweigen am Montag, Schweigen am Dienstag, ich denke jede Sekunde an ihn und die Mätresse und halte es nicht mehr aus. Wie ernst ist es mit der schwierigen Ausnahme? Am Mittwoch erreiche ich ihn im Institut. Ich bitte um ein vernünftiges Gespräch, er solle doch nach Berlin kommen. Morgen Abend, an Himmelfahrt könne er bei mir sein, frühestens um sechs, wir könnten dann zusammen essen gehen, schlägt er vor.

Ich renne zum Friseur, zur Kosmetikerin, zur Fußpflegerin, 400 Mark sind weg wie nichts und ich jetzt blond gesträhnt. Ich bade und parfümiere mich, aber nicht mit Opium. Ich ziehe mein schönstes Kleid an und den goldenen Schmuck. Ist die Ausnahme schöner? Sechs Uhr, er ist da. Erst Sportschau, dann Essen beim Italiener am Stuttgarter Platz. Nur Mineralwasser, ein wenig Alltagsgeplänkel zum Anwärmen. Ich will eine Geschirrspülmaschine, Miele, edelstahlverchromt. Soll ich haben, sagt er. Ich will eine Küchenrenovierung, aprikotfarbene Wände. Soll ich machen lassen, sagt er. Offensichtlich kann ich jetzt alles haben, denke ich, der Mann hat ein schlechtes Gewissen. Der Hund ist süß, erzähle ich aus meinem atemberaubenden Alltagsleben, er bellt nicht. Wie reizend, sagt er. Aber jetzt will ich es wissen, nehme ich all meine Courage zusammen. Wirklich, fragt er, bist du sicher? Deshalb bist du da, kontere ich, die zwanzigste Camel aus der Packung ziehend. Gut, sagt er, aber erst versprich mir, dass du dich nicht von mir trennen willst. Ins Herz fließt Eis. So existenziell wollte ich es nicht haben. Ich verspreche überhaupt nichts, stammele ich mutig, wie kommst du darauf? Er solle jetzt endlich anfangen, ich hätte keine Lust auf Geeiere, es sei lange genug geeiert worden, und ich rede zehn Minuten lang über das Geeiere und dass ich keine Lust darauf habe und so weiter und so fort. Atempause. Er schweigt und schweigt, und als ich endlich mit dem Gequatsche aufhöre, sagt er: Ich bin Vater eines Kindes in Marseille geworden. Es ist ein Junge. Ich habe der Mutter versprochen, sie nicht hängen zu lassen. Sie ist 46 Jahre alt.

Stillstand. Warum tut sich der Boden nicht auf? Warum verschluckt er mich nicht? Warum sitzt Helmut da und schaut mich immer noch mit großen, schönen Augen hinter seiner hässlichen Designerbrille an? Ich habe so was geahnt, zittere ich nach einer Unendlichkeit leise, aber ich habe es sofort weggedrängt. Worst case! quetsche ich noch hinterher und schaue auf den Boden, der immer noch nicht wackeln will. Worst case? fragt er. Nein, das ist es nicht, antwortet er sich selbst. Worst case wären Zwillinge mit einer jungen Frau, die er heiraten möchte. Er aber wolle mit mir leben, er wolle mit mir alt werden, habe nie mit einer anderen Frau verheiratet sein wollen, wolle es immer noch nicht, aber ich hätte ihn als Liebhaber ignoriert. Ich hätte mich zwanzig Jahre lang nicht wie eine liebende Frau verhalten, sondern wie eine gleichgültige, so sei es einfach geschehen. Das Kind sei nun da, das Kind sei die Ausnahme. Wenn du willst, sagt er, zum ersten Mal lauter werdend, verlasse ich die Frau und das Kind. Du kannst das verlangen. Willst du das? Und ich antworte, was kann das arme Kind dafür?

Und frage dämlich Belangloses. Ob er deshalb nach Marseille gefahren sei? Ob er deshalb ein Handy in Italien mitgehabt hätte und oft alleine auf den Berg gegangen sei? Wie er sich in Italien gefühlt habe, wohlwissend, dass seine Geliebte im Kreißsaal kreißt? Was er an der Frau denn so toll gefunden habe? Sex, sagt er, Sex, den ich bei dir nicht oder zu selten gefunden habe. Sex. Und so plappern wir über Sex und ich, dass ich ihn auch ohne Vollzug geliebt und dass ich mir bei jeder Sternschnuppe Sex gewünscht hätte und wenn es dazu gekommen sei, beinahe Gott dafür gedankt hätte. Und so weiter und so fort, mindestens drei Stunden lang. Es gibt ein Loch im Gedächtnis. Ich erinnere mich an kleinste Kleinigkeiten des Vorher und Danach, aber an diesen Abend kaum. Dieser Abend ist ein großes, schwarzes Loch. Es hat die alte Maja verschluckt und nie mehr ausgespuckt.

Ich erinnere mich an zwei weitere Flaschen Mineralwasser, an Rinderfilet englisch gebraten und an ein Glas Prosecco und dass er gesagt hat, ich sei schön. Ich erinnere mich an seine Augen und an seine schönen grauen Haare und dass sie frisch gewaschen waren. Ich erinnere mich an das Hemd, das er an diesem Abend getragen hat, das graue leinene, das ich ihm einmal geschenkt hatte, und daran, dass ich im Klo gekotzt habe. Und wieder hinauswankte und noch eine Zigarette anzündete. Und dass ich ihn geliebt habe an diesem Abend, dass ich an diesem Abend genau wusste, dass ich ihn immer geliebt habe, dass ich mir ein Leben ohne ihn nicht vorstellen mag, dass ich mich verloren fühlen würde ohne ihn, dass er attraktiv ist, dass er intelligent ist, dass er schöne Hände hat und dass er eine Sau ist und ich eine Sau liebe. Aber ich habe all das nicht gesagt. Ich weiß nicht mehr, was ich gesagt habe oder er. Irgendwann sind wir aus dem Lokal gegangen, wir waren schon seit einer Stunde die Letzten. Wir sind nach Hause getrottet, er hat mir seinen Arm um die Schultern gelegt und gemeint, er sei froh, dass ich es nun wisse. Ich solle bitte neben ihm schlafen. Bitte.

Wir haben eine Stunde nebeneinander gelegen, kein Kuss, nur hölzernes Umarmen, er sofort im Tiefschlaf, ich wach und immer wacher werdend. Ich nahm eine Schlaftablette, bin in ein anderes Zimmer, aber der Schlaf wollte nicht kommen. Was soll nur werden? Bin ich im falschen Film? Das Kind gibt es nicht! Nein, das Kind gibt es nicht! Das kann es nicht geben. Das kann Helmut mir nicht antun. Wir werden doch bald Großeltern. Er kann doch nicht Großvater werden und wenige Monate zuvor selbst Vater geworden sein? Nein, nein, das ist unmöglich. An die Frau habe ich wenig gedacht.

Um sechs Uhr morgens gebe ich die Dämmerungsversuche auf, suche ein offenes Café. Um diese Zeit in Charlottenburg ein schwieriges Unterfangen. Neue Zigaretten auf nüchternen Magen, mir ist kotzübel und mir wird immer übler. Und ich wache allmählich aus dem Traum auf. Ich bin nicht im falschen Film. Helmut hat ein Kind. Er hat einen neuen Sohn. Er hat Andreij ein Brüderchen geschenkt. Helmut ist Vater, und ich werde Großmutter. Als Andreij uns mit Tränen in den Augen das Ereignis gestand, tröstete ich ihn, Kinder kommen immer zur falschen Zeit. Ich freute mich, fühlte mich emotional reif für das Großmutterdasein. Das war vor ein paar Wochen zu Helmuts 55. Geburtstag. Ich umarmte den Großvater, weil er so reserviert und schweigsam war, fragte ihn, ob er sich jetzt etwa alt fühle. Ich glaube, für Andreij ist das Kind ein Segen, wich er aus und wehrte die Umarmung ab. Er muss jetzt erwachsen werden. Mein Mann ist schon lange erwachsen, jetzt hat er mit einer fremden Frau einen Sohn gezeugt. Vielleicht sogar die Geburt begleitet, so wie meine vor 27 Jahren. Wie muss er sich gefühlt haben, der frisch gebackene Vater, der an seinem 55. Geburtstag hört, Großpapa zu werden. Ich bin alt, nicht er. Ich bin nicht mehr gebärfähig, sein Sack ist aber noch voll mit lebendigen Spermien. Mein Uterus ist überflüssig wie ein Blinddarm. Ich bin ein altes Weib. Ich bin hässlich. Ich bin doof. Ich habe verloren.

Aber ich brauche ein neues Bücherregal. Wenigstens ein Bücherregal für all die ungelesenen Bücher. Bei Ikea. Das macht um acht Uhr auf. Ikea macht um 9.30 auf. Ich rauche eine Zigarette nach der anderen, das Warten macht mich verrückt. Als die Türen sich endlich öffnen, drängeln sich Dutzende von Jungfamilien mit Kinderwagen in das Haus. Es werden immer mehr Kinderwagen. Überall sind Kinderwagen mit Bälgern drin, sie brüllen und beißen auf Plastikringe. Ich hasse Kinder. Ich könnte jedes Kind erschlagen. Wie können Frauen bloß so blöd sein, Kinder in die Welt zu setzen und sie mit Buggys durch Ikea zu schieben. Die Frauen sind blöd und die blöden Männer alles blöde Triebtiere. Ich will mein Billy-Bücherregal, und dann soll die Welt doch endlich untergehen und alle Babys sollen versaufen. Warum donnere ich mit meinem blöden Billy-Regal im Auto nicht gegen eine blöde Wand. Und komme in Charlottenburg heil an. Und sehe Helmut auf dem Balkon, vielleicht Ausschau haltend nach seiner alten Ehefrau mit frischen Frühstücksbrötchen in der Hand.

Er hat gut geschlafen, heiß geduscht, das Vierminutenei steht auf dem Tisch. Frühstück gegen elf, wie immer an Sonn- und Feiertagen. Unser Alltag ist meistens schön gewesen, jetzt geht das Leben weiter. Wieso? Er schmiert sich Butter in das Croissant. Mir dreht sich der Magen um, die Zunge klebt vertrocknet im Mund, die Augen brennen, als seien sie angezündet. Helmut sage ich, ich gebe auf. Und ich rattere, in a, b, c sortiert, meine bei Ikea vorgedachten Punkte herunter. Du bist Vater geworden, ich werde Großmutter. Ich will das Großelternerlebnis nicht mit dir teilen, nicht ertragen, wie du heute unseren Enkel, aber morgen deinen Sohn herumschleppst. Auch nicht deinen Machostolz, mit 55 Jahren noch mitgespielt zu haben. Du hast mich alt gemacht, bis gestern wusste ich nicht, dass ich es bin. Das Kind wird eine wichtige Rolle in deinem Leben spielen, es verändern. Bald wirst du wieder Brio-Eisenbahnkataloge wälzen und mit Märklin-Autos spielen. Was ist mit Weihnachten, Ostern, Sommerferien, willst du deine knappe freie Zeit zwischen Berlin und Marseille teilen? Eine Teilzeitehefrau bin ich schon, mehr Teilzeit will ich nicht abgeben. Du bist eine lebenslange Verpflichtung eingegangen, wie kannst du behaupten, sie tangiere mich nicht. Nicht zuletzt: Deine deutsch-französische Partnerschaft wird mir auf die Dauer zu teuer. Ich habe gehofft, du würdest das Enkelkind alimentieren, aber die Marseilleflüge, deine Unterhaltszahlungen, die Teddybären für das Kleine, der erste Roller, das erste Fahrrad, Schuluniform, Studium, unendliche Telefongespräche mit der Mami und so weiter werden dich arm machen. Ich will die Trennung, lieber jetzt einmal furchtbar leiden als mich die nächsten Jahre permanent quälen. Nichts ist schlimmer als ein Abschied auf Raten. Verbring du deine Ferien am französischen Strand, lass Schiffchen schwimmen und bau Sandburgen. Vergiss das Sonnenöl nicht auf das Kleine zu schmieren. Mami wird sonst sauer. Helmut, mein Mann. Es wird schwer werden ohne dich. Schrecklich schwer! Nie habe ich gedacht, dass ich es einmal lernen muss, auch für diese Sicherheit habe ich dich geliebt. Jetzt werde ich es lernen müssen. Mit 54 Jahren und einem überflüssigen Uterus.

Ich will die Trennung und will sie auch wieder nicht. Da ist der Kopf, dort das Herz. Hier ist Helmut, und dort ist das Kind. Ich kriege Helmut und das Kind einfach nicht zusammen. Sie passen nicht in ein Paar Schuhe. Es ist mir völlig unvorstellbar, wie mein Mann ein fremdes Baby lieben soll. Es ist doch ein fremdes Kind, es gibt Millionen von fremden Kindern, jetzt eben eins mehr. Ich habe noch nie gesehen, dass er sich über fremde Kinderwagen stürzte und killekille machte, warum soll er jetzt damit anfangen? In Marseille brüllt ein fremdes Kind, was hat Helmut mit einem brüllenden fremden Kind in Marseille zu tun? Helmut und das Kind sind zwei verschiedene Wesen und leben in zwei verschiedenen Welten. Mindestens 2.000 Kilometer voneinander entfernt. Die Mutter ist doch kein verführtes Hascherl, mit 46 Jahren kann man sich doch selbst entscheiden. Aber warum soll Helmut sich darum kümmern? Das Kind ist doch fremd. Es gibt es, aber es gibt es nicht als Helmuts zweiten Sohn.

Aber ich rede mit zwei verschiedenen Zungen. Ich rede von seiner realen Vaterliebe zu einem konkreten Säugling und davon, dass ich diese Gefühle als existierende Alt-Ehefrau nicht begleiten will. Aber in Wirklichkeit ist das doch alles Wortgeklingel. Gefechte um nichts. Der Helmut, den ich kenne, dem ich seit über dreißig Jahren verbunden bin, mit dem ich mich immer wieder zusammengerauft habe und über dessen Fernehe mit mir es zwei Fernsehfilme gibt, der Helmut, den ich kenne und der mich mit großen Augen anschaut, hat überhaupt kein neues Kind. Das Kind, das es gibt, mag sein genetisches Material sein, aber das ist es auch schon. Mein Mann ist mein Mann. Das Kind ist das Kind. Irgendein Kind. Nicht das Kind meines Mannes.

Helmut, wecke mich nicht auf aus meinem Wahn, sag, dass ich Recht habe. Sag, dass du nicht Vater bist. Nicht wirklich. Sag, dass du so eine Art Samenbank warst. Sag, dass mich das Kind nicht tangiert, dass es nichts, aber auch überhaupt nichts mit dir und unserem Leben zu tun hat. Sag, dass du nur mich liebst und dass Andreij, die Beinaheschwiegertochter Moni und das wachsende Kind in ihrem Bauch unsere Familie sind. Die einzige Familie, die du hast, die einzige Familie, die du immer wolltest, die einzige Familie, die du immer haben wirst. Sag es, sag es, denke ich, aber ich schwafele von Pflicht und Verantwortung und der Eigendynamik einer Vatersohnliebe, die klein beginnt, wächst und wächst wie das Efeu in unserem

Haus in Italien, wächst, bis sie unsere Familie zersprengen wird, genau wie das Efeu unsere Wand.

Und Helmut sagt es. Er habe nie daran gedacht, eine neue Familie zu gründen. Er habe nie vorgehabt, den sorgenden Papi zu spielen. Er habe nie geglaubt, noch ein Kind zeugen zu können. Aber jetzt sei es da, und er könne es doch nicht totschlagen. Ein Kind sei doch ein Glück, kein Unglück. Es wird sein eigenes Leben haben. Er wolle mit mir leben, nur unsere Familie sei unsere Familie. Das Kind sei ein kleiner Franzose, in den Papieren ohne Vater eingetragen. Er habe mir nichts gesagt, weil er mich schonen wollte. Ich sollte erst mein Buch beenden. Und später, so habe er geglaubt, würde ich großzügig sein. So wie ich es immer gewesen sei. Einzig wichtig sei doch, was wir beide miteinander noch anfangen wollten.

Helmut zweiteilt sich, so wie ich mich zweigeteilt habe. Er trennt das Kind aus seinem Leben heraus, erklärt es zu einem autonomen Wesen, so wie ich Helmut und das Kind auch voneinander getrennt habe. Der Mann, mit dem ich verheiratet bleiben möchte, hat kein Kind, kein wirkliches. Das hat er doch eben selbst gesagt. Wen schert die Biologie. Wer a wie Affäre sagt, muss doch nicht b wie Baby meinen. Ja, so ist es, denke ich, aber mit Worten prügele ich beides zusammen. A und b, und er in der Pflicht. Bis ich fast umfalle vor Widersprüchen, den gestotterten, den gebrüllten, den zittrigen, den kalten und bösen Worten und der Hoffnung im Bauch, das dies alles doch nicht wahr sei.

Ich bin fast ohnmächtig vor Erschöpfung und fliehe ins Bett, ziehe die Decke über den Kopf, aber der Betäubungsschlaf will nicht kommen. Die Ahnung, ich betrüge mich, will mich betrügen lassen, Helmut betrügt mich, kriecht in das Herz, in den Kopf, in die kleinen Zehen, in die letzten Haarspitzen, füllt mich aus, bis ich bleischwer bin. Was ist eigentlich mit der Mutter dieses Kindes? Hat er ihr auch gesagt, dass er nur eine Familie will, und zwar unsere? Dass er nur mich liebt? Nur mich? Er ist doch schon zweimal seit der Geburt in Marseille gewesen. Das erste Mal, um das Kind zu begrüßen, aber das zweite Mal? Ist es doch kein fremdes Kind, sondern ein Kind der Liebe? Ein süßes, kleines, putziges, anrührendes Kindchen, auf das er stolz ist? Dem er in Marseille glückselig das große, weite Meer gezeigt und so viel Liebe wie Steine am Cap Canaille versprochen hat? Ich kenne ihn doch, ich weiß doch, wie sich seine Augen verändern, wenn sein Herz voll ist. Zu welchen Plattitüden er dann fähig ist, die er so ernsthaft serviert, wie der Pfarrer das Amen in der Kirche. Wie soll es weitergehen, wenn er seinen fernen Sohn wirklich liebt? Eine Liebe, groß und weit wie das Mittelmeer und süß wie der Lavendel in der Provence. Wann ist der nächste Kongress? Oder wird jetzt mit offenen Karten gespielt? Muss ich meinen Mann mit einer späten Erstgebärenden teilen? Wer ist sie überhaupt? Wie kommt Helmut in ein Bett in Marseille? Und welche Schneckenfresserin lässt sich von ihm befruchten? Die französische Kulturtante aus Paris, von deren Besuch in Tübingen er mir letztes Jahr erzählte, weil das Parlieren so toll ging? Offensichtlich nicht nur das Parlieren. Nein, nein, nein, ich will Helmut nicht teilen, weder mit einer Kulturtante noch mit einem Kind, nicht in Marseille und auch nicht in der Antarktis. Das geteilte Leben zwischen Tübingen und Berlin ist schon schwierig genug, jetzt soll noch Marseille dazukommen. Auf keinen Fall. Wenn es das Kind gibt, muss es weg aus seinem Leben. Ein klarer Schnitt. Entweder – oder. Es gibt Millionen Frauen, die ihr Kind alleine aufziehen. Das kein Verbrecher wird und auch nicht beim Psychotherapeuten landet. Wenn es ein reales Kind in Helmuts realem Leben gibt, werde ich ihn verlieren. Unweigerlich. Ich will keine Zukunft mit Helmut, wo es Bereiche gibt, in denen ich störe.

Marseillekleinfamilienheimfahrten und Lufthansavielfliegerrabatte immer im Blick. Geplante Arrangements und die Vorfreude darauf. Nein! Erst kommt die Eifersucht, dann Vorwürfe und Aufrechnereien ohne Ende, es folgt die emotionale Distanz, schließlich die Trennung und endlich die Scheidung. Aber ich will keine Distanz, kein Wühlen im Dreck, keine Trennung und keine Scheidung, ich will Helmut behalten, auch wenn er seinen Verstand zu oft in der Hose hat. Ich liebe ihn, doch, doch, doch, trotz Lavendelblüten in der Provence, verdorren mögen sie alle. Hörst du nicht die Grillen in meiner Brust, lauter als alle Zikaden in den Pinien von Marseille. Helmut, hilf mir! Bitte. Bitte. Bleib bei mir und lass Frau und Kind im Stich, oder alles ist zu Ende. Sie sind doch sowieso weit weg.

Irgendwann stürze ich aus dem Bett, finde Helmut am Computer. Er hat ein paar Blätter in der Hand, hat mein letztes Buchkapitel redigiert, ausgerechnet das Kapitel, in dem es um Liebe und Liebschaften meines schillernden Sachbuchhelden geht. Ich wollte dir zeigen, dass ich dein Buch begleiten werde, auch wenn du dich von mir trennen willst, sagt er. Lass uns über den Text reden, schlägt der Herr Literaturprofessor vor. Und die Quälerei beenden. Der Herr Professor, der Multi-Multi-Funktionär sucht vertrautes Terrain. Er war schon immer gut darin, Unvereinbares miteinander zu vereinbaren. Deshalb ist er erfolgreich, und ich bin es nicht. Machertum, immer und überall und bei jeder Gelegenheit! Ich bin doch keine Schreibnutte, schreie ich ihn an, zerreiß den Scheiß, ich will nicht, dass du jemals wieder auch nur eine Zeile von mir liest. Ich könnte nicht mehr in den Spiegel schauen, wenn ich dich als Lebensgefährten aus dem Haus werfe, als Lektor aber umwerbe. Und zum ersten Mal fühle ich Hilflosigkeit bei ihm, sehe Unsicherheit in seinen großen Augen, spüre Verzweiflung oder etwas Ähnliches. Jetzt fange ich an zu weinen, zum ersten Mal seit Ostern. Die Tränen fließen wie ein Bach, das Weinen steigert sich zum Heulen, ich stürze an seine Schulter und heule sie nass und salzig, ich heule wie ein Wolf, renne zwischen seiner Schulter und dem Badezimmer hin und her, klatsche mir Wasser ins Gesicht, brülle weiter, schluchze, wimmere, die Tränen wollen nicht aufhören. Bis ich leer bin und kein einziges Tröpfchen Wasser mehr im Körper ist. Nur Dumpfheit im Kopf und Schwärze rundherum. Ausgetrocknet. Was hast du mir nur angetan! Mein Helmut. Mein Mann.

Ich weiß nicht mehr, wie wir den Abend rumgekriegt haben, gemeinsam oder jeder für sich alleine in derselben Wohnung. Ich glaube, wir haben auch über mein Buch geredet und darüber, dass der Hund mal um die Ecke müsste. Und dass wir eine Pizza holen sollten. Lagen wir später im selben Bett? Ich habe zwei Schlaftabletten genommen und am nächsten Tag, am Sonnabend, nur auf dem Fernsehbett gedämmert, zusammengerollt, frierend, unfähig zu fragen. Nur unendliche Traurigkeit. Kein Kampf um ihn, keine Hoffnung auf ihn, der Anfang vom Ende, allein. Leere. Stillstand. Stundenlang.

Bis Helmut einmal zu viel ins Zimmer kam. Vor mir stand und mich anschaute. Nur anschaute. Kein Wort sagte, mich immer nur anschaute. Genauso traurig wie ich, der lebende Blues. Ich habe meine Arme geöffnet, und er ist hineingefallen. Wir haben uns ineinander gewühlt, wir konnten nicht mehr voneinander lassen. Ich bin in sein Herz hineingekrochen und er in meines. Wir haben zur gleichen Zeit die Augen geschlossen und sie zur gleichen Zeit wieder geöffnet. Wir konnten uns nicht mehr voneinander lösen. Nicht den Mund und nicht den Schoß. Er war mein Mann und ich seine Frau. Ich war seine Frau und er mein Mann. Wir versprachen uns neu, ohne einen Ton zu sagen. Für die nächsten dreißig Jahre. Für immer. Für unser ganzes Leben. Wir haben geduscht, Essen gekocht, Helmut hat vom Italiener Rotwein geholt, mir seine Hände unter den Rock geschoben, wir sind wieder auf das Bett gekrochen und ineinander. Mal innig, mal mutig. Wir haben alle Zweifel weggeliebt und uns in eine große Hoffnung hinein. Wir haben sogar miteinander gelacht.

Alles andere wurde blass, zu einer Vergangenheit, die nicht zu uns gehört. Bitte, bitte, flüstere ich irgendwann auf seine Brust, den Hals, auf den Mund, in die Ohren, bitte, bitte mach Schluss mit Marseille. Ich bin hier, die andere weit weg, du musst dich entscheiden, du hast dich schon entschieden, spürst du mich? Erkenne das Kind an und zahle die Alimente, aber bitte, bitte trau dich zu einem Schnitt, trenn dich von Marseille, für immer und von beiden, wir werden neu anfangen, wir werden es schaffen, bitte. Das kommt mir entgegen, sagt Helmut, als ob wir Tarifverhandlungen führten, aber ich höre auch einen anderen Ton. So als ob er in der Zwickmühle gesteckt hätte und ich ihn jetzt daraus befreie. Ich glaube ihm, in diesen Stunden ihm hörig wie die Verrückten in Poona ihrem Guru. Ich will für immer Helmuts Frau bleiben, ich will ihn, ich will ihn. Wir haben schon so viel miteinander durchgestanden, wir werden auch dies zusammen aushalten. Die Frau soll bekommen, was ihr zusteht, natürlich, selbstverständlich, wir sind ja zivilisiert. Du lässt sie doch nicht hängen, wenn du die Vaterschaft anerkennst und die Alimente zahlst. Sie war eine Affäre! Sie ist vorbei. Aber ich bin keine Affäre, ich bin deine heute-morgen-übermorgen-jetzt-und-immer Ehefraugeliebte für immer und ewig. Ich will einen Ehering, will, wenn er wieder in Tübingen ist, einen Ring von ihm tragen, will, dass er einen von mir trägt. Ich will ein goldenes Liebesversprechen, ein Ehemanifest, einen schmalen Reif mit seinem eingravierten Namen. Den ich Tag und Nacht drehen kann, wenn ich mich nach ihm sehne, der allmählich in meine Haut einwächst und ein Stück von mir wird. 27 Jahre lang sind mir solche Treuesymbole ziemlich egal gewesen, jetzt will ich es an meinem Finger und an seinem sehen. Am nächsten Tag bringe ich ihn, fast direkt aus dem Bett, zum Bahnhof. Nächsten Freitag werde ich nach Tübingen kommen, am Sonnabend wollen wir zum Juwelier, dann zum Freundestreffen ins Fränkische fahren. Ich liebe dich sehr, sagt er zum Abschied. Ich ihn auch.

Den ersten Liebesbrief schreibe ich schon, während er im Zug sitzt. Den nächsten zwölf Stunden später. Aber langsam kriecht die Angst wieder aus dem schwarzen Loch und die Einsamkeit wird groß, weil die Zweisamkeit so groß gewesen ist. *Ich fürchte,* faxe ich ihm, *dass Du in Deinem Abschiedsbrief nach Marseille hier ein Kompromisschen, dort ein Vielleichtchen und ein Ausweglein einbauen wirst, lauter kleine Beschwichtigungen, weil Du kein Schwein sein willst, kein Schwein bist. Aber ich wünsche mir so sehr, unser süßes, unaufgeregtes vivivi, unsere Lebenslust und unseren Lebensmut zurück. Ich wünsche mir große und kleine Pläne, aber nur, wenn Du eine Eindeutigkeit und Entschiedenheit an den Tag legst, wie noch nie zuvor in Deinem Leben. Ganz gegen Dein harmonisierendes Naturell. Die allerkleinste Unsicherheit würde reichen, dass ich doch alleine zurechtkommen will. Aber ich will nicht alleine zurechtkommen, ich will in Dich hineinkrabbeln, in Deinen Kopf, in Dein Herz, in Deine Seele, in Deinen Körper. Ich will mich dort einnisten für alle Ewigkeit.*

Aber die Unsicherheit wächst. Sie wächst mit jeder Minute. Sie wächst zu einem Berg, so hoch wie der Mount Everest. Wer ist die Mutter dieses Kindes? Warum habe ich nicht gefragt? Mit keinem einzigen Wort gefragt. Wie hat er sie überhaupt kennen gelernt? Wann? Wo? War es eine flüchtige Affäre, nur ein folgenreiches Abenteuer, oder doch ein Versprechen für eine deutsch-französische Freundschaft? Helmut liebt es doch französisch. Während er in Tübingen seinen Amtsgeschäften nachgeht, zerbreche ich mir den Kopf, schreibe ihm einen Brief nach dem anderen, ohne auch nur einen abzuschicken.

Drei Tage später, am Mittwoch, wühle ich in seinem Schreibtisch, suche irgendetwas, was mir die brennenden Rätsel dekodiert. Es ist der erste gezielte Tabubruch in unserer Ehe. Ich finde eine Adressenliste. Und forste die Adressenliste durch. Und finde die Adresse. Lucie-Claire, Tübingen und Marseille, Telefon und Adresse soundso.

Diese Frau kenne ich. Diese Frau – Landeskundlerin an der Universität, kupferglänzende Haare, mehr Busen als ich, mit hellem Kostüm, das Gesicht habe ich, wie merkwürdig, vergessen – habe ich vor über einem Jahr bei einem Tübinger Geburtstagsfest getroffen. Bei Helmuts zweitbesten Freunden. Helmut wechselte an diesem Abend kein Wort mit ihr, saß ihr aber gegenüber. Den ganzen Abend lang. Das ist mir aufgefallen, weil er sonst immer versucht, die Frauen zu beeindrucken. Ich setzte mich dann irgendwann neben sie, versuchte, ein Gespräch in Gang zu bringen. Es war etwas mühsam, also fragte ich sie aus. Sie sagte, sie sei in Tübingen der Liebe wegen. Ein hübscher Grund für eine Geographin, antwortete ich. Er ist verheiratet, sagte sie. Ach, antwortete ich. Wie konnte ich ahnen, dass sie meinen Mann erforschte. Der ihr genau gegenüber saß und kein Wort mit ihr sprach. Wir brachten sie später nach Hause, wir waren die letzten Gäste. Sie saß auf der Hinterbank und drehte auf. Erzählte eine Anekdote nach der anderen, assoziierte, spielte, lachte, flirtete wie den ganzen Abend nicht. Helmut, jetzt links rum, dann rechts rum, nein stopp, hier müssen Sie halten, kennen Sie sich in Tübingen denn nicht aus? Ich komme demnächst vorbei, sagte Helmut beim Aufwiedersehen. Bis bald, erwiderte sie, und ich: Sie hat viel Esprit. Ja, bestätigte mein Mann, das hat sie. Punkt. Aus. Vergessen.

Und jetzt ist sie die Mutter von Helmuts Kind. Seine Geliebte. Nicht in Marseille, sondern in Tübingen. Ein Kilometer von Helmuts Wohnung entfernt. Den Weg zu ihr kennt er im Schlaf. Ein Freundeskreis, Universitätsverbindungen. Kein Abenteuer, keine Affäre, sondern eventuell eine Zweitfrau. Auf Mutterschaftsurlaub. Und bald wieder zurück. Mit Kind. Mit Helmuts Sohn. Und ich in Berlin. Ahnungslos. Und sollte auch ahnungslos bleiben.

Absturz, vollkommener Absturz. Ich zittere, die Zähne fangen an zu klappern, alle Härchen stellen sich auf, die Haut beginnt zu schmerzen. Ich rase einen Berg hinunter, 1.000 Meter, mir ist schwindlig, der Sog zieht und zieht, das Gleichgewicht geht verloren. Zum ersten Mal in meinem Leben knicken mir die Beine weg. Für ein paar Minuten kann ich nicht mehr stehen, sitze an seinem Schreibtisch und starre auf die Adresse. Vor drei Tagen bin ich mit Helmut auf einer riesenhohen grünen Welle gesurft, jetzt verschlingt sie mich. Wieso schlägt mein Herz noch? Wie ist es möglich, dass der Mann, den ich glaubte zu lieben und von dem ich glaubte, er liebe mich, mich so kaltblütig betrügt? Mir von einem Kind in Marseille erzählt, aber von einem Kind in Tübingen weiß. Mich glauben lässt, die Affäre sei vorüber, während das Familienleben bald erst richtig losgehen soll.

Ich sterbe nicht, ich atme immer noch. Die Sonne scheint durch die Plastikfolie, und die Spatzen tschilpen in der Linde vor dem Haus. Oder habe ich mich doch versehen? Im Adressbuch finden sich auch andere Französinnen. Aber nicht aus Marseille. Wenn die Frau in Tübingen den Telefonhörer nicht abnimmt, ist sie in Marseille. Dann ist sie es. Ich rufe an. Nichts. Ich rufe eine Stunde später noch einmal an. Nichts. Ich rufe noch zweimal an. Nichts. Ich rufe in Marseille an. Eine Frau nimmt ab. Ich lege auf. Sie ist es.

Um sieben Uhr abends erreiche ich Helmut in Tübingen. Den ganzen Tag habe ich überlegt, was ich sagen werde. Eiskalt bleiben, das ist das Wichtigste, genauso eiskalt, wie er mich belogen hat. Eine Frage nur. Stimmt es, dass Lucie-Claire nur auf Mutterschaftsurlaub in Marseille ist und bald wieder nach Tübingen kommt? Pause. Ich wiederhole die Frage. Immer noch Pause. Wie kommst du darauf, fragt er, und ich schreie los, das sei doch scheißegal, er solle meine Frage beantworten. Stimmt es, oder stimmt es nicht? Ja, es stimmt, sagt er nach langem, langem Schweigen, woher weißt du das? Niemand weiß es, und niemand sollte es wissen. Niemand weiß, dass ich der Vater ihres Kindes bin. Und ich kreische in den Apparat, jegliche Fassung verlierend, dass er ein Lügner und Betrüger sei, ein ekelhafter Waschlappen, dass ich ihn hasste und verachtete, dass ich nur kotzen könne, wenn ich an seine Berührungen dächte, dass er mich verraten habe, weiß Gott schon wie lange und zuletzt am Wochenende. Und das sei der schlimmste Verrat gewesen, das würde ich ihm niemals verzeihen, mich in den Himmel ficken und haargenau wissen, es ist alles ganz anders, als ich denke. Dafür könnte ich dich anspucken, du Aas, dafür wirst du bezahlen, wie schaffst du es bloß, dein eigenes Gesicht im Spiegel zu ertragen. Wieso wird dir nicht schlecht, wenn du dich beim Rasieren siehst? Was für ein tolles Spiel hast du mit mir getrieben, und beinahe hätte es geklappt. Ich würde jetzt Andreij informieren, dass ich morgen zum Scheidungsanwalt ginge, der Termin sei schon ausgemacht, er sei so widerlich, dass ich ab sofort kein einziges Wort mehr mit ihm rede wolle. Mir täte jede Sekunde Leid, die ich mit ihm am Wochenende verbracht hätte. Ich wolle jetzt nur noch duschen, mir seine ganzen widerlichen Dreckslügen abwaschen. Du bist das Letzte, wirklich das Allerallerletzte, dich werde ich mit Stumpf und Stiel aus meinem Leben reißen. Ich verachte dich für deine Feigheit und für deinen Betrug, schreie ich und knalle den Hörer auf die Gabel.

Seine nächsten fünf Anrufe lasse ich ins Leere laufen. Habe ich jemals so leidenschaftlich geliebt, wie ich in diesem Moment hasse? Andreij erwische ich beim Fußballspielen. Bitte komm zu mir, flehe ich ihn an. Ich habe dich nie mit meinen Problemen belämmert, nie als seelischen Abfalleimer benutzt. Aber jetzt brauche ich dich, am Telefon kann ich dir nicht sagen, warum. Er verspricht zu kommen. Es dauert ewig, und als er die Wohnung betritt, umarmt er mich bleich und mit nassen Augen. Er wisse es, Helmut habe ihn vor ein paar Minuten direkt vor meiner Haustür erreicht. Helmut habe gesagt, er wolle noch heute Nacht nach Berlin fahren.

Andreij und ich sitzen am großen Tisch, und ich rede. Mein rastagelockter Sohn ist ein Mann, in ein paar Monaten wird er Vater, obwohl er noch lange nicht Vater werden wollte, sondern als Underground-Techno-Schrottkünstler um die ganze Welt ziehen. Und weil er sich seiner Beziehung zu Moni nicht sicher gewesen ist. Aber sich dann entschlossen und in Italien einen Baum gepflanzt hat. Wenn schon, denn schon, hat er gemeint.

Ich erzähle ihm von meinem Elend, von Helmuts Eröffnung, Vater eines Kindes in Marseille zu sein, von unserer Vergewisserung am Wochenende und der Hoffnung auf einen neuen Anfang. Von Helmuts Versprechen, sich von Frau und Kind zu trennen. Von meiner Schnüffelei in seinem Adressbuch und dem Absturz. Von Helmuts erschrockener Reaktion, von meinen Beschimpfungen, und dass ich mich morgen scheiden lassen will. Ich rede wie aus dem 36. Stockwerk, werde immer cooler. Gerade Sätze, gerade Meinungen, klipp und klar, die Sache ist ganz einfach. Zum Teufel mit dem Verbrecher. Ich werde mich vom Acker machen. Irgendwo scheine ich noch Restgefühle zu haben, sonst hätte ich ihn nicht zum Satan gewünscht. Hormonelle Verwirrung. Weg damit, wegamputieren. Der Klebstoff unserer Ehe ist die Idee, die wir voneinander haben, schwätze ich klug daher. Nicht die Realität, sondern die Phantasie, was eigentlich zwischen uns möglich sein könnte/müsste/sollte, habe uns zusammengekittet. Lauter Wunschbilder. Lauter Projektionen, die wir aufgebaut haben, um die weißen Flecken nicht sehen zu müssen. Wir haben uns gegenseitig was vorgemacht, weil es so nett war und so bequem. Natürlich bindet die Vergangenheit, die Familie, die Freunde, die Mühle, unser Hund, die verdammte Wohnung und die verfluchte Steuererklärung. Aber ich habe geträumt. Jahrelang. Ich habe geglaubt, seine Königin zu sein, und mich wie eine Kaiserin benommen. Stimmt, auch ich habe ihn ausgenutzt. Liebe gefordert und Freundlichkeiten gewährt. Aber jetzt sei ich aufgewacht. Böse vom Thron gestürzt. Aus der blauen Wolke gefallen, kilometertief. Schluss. Aus. Dieser Verrat war der eine zu viel. Mir Liebe versprechen, aber Nebelkerzen werfen. Das und eine quicklebendige Kindsmutter in Tübingen lasse ich mir nicht bieten. Der Klebstoff wird weggekratzt, die Vergangenheit entsorgt. Morgen fange ich damit an.

Andreij hört zu und spürt die falsche Entschlossenheit. Wenn du meinst, dich scheiden lassen zu müssen, sollst du dich scheiden lassen, sagt er. Aber dann heirate ihn noch einmal. Mein Gott, wie weise ist der Junge eigentlich? Mir brennen die Augen, schon fange ich an zu weinen, ich rutsche vom 36. Stock ins Parterre, nach einem einzigen Satz. Helmut liebt dich, sagt Andreij, aber er wollte immer eine große Familie. Er wollte keine Fernehe, sondern ein Zuhause. Er hat immer gemeint, dass ich mehr dein Sohn als seiner sei. Das hat ihn immer gewurmt. Er hat eine Studentenbude in Tübingen und ich eine riesige Wohnung in Berlin. Er kommt nach Hause, und nie ist jemand da, und bei dir brummt der Bär. Er tut mir Leid, sagt mein Sohn über seinen Vater, ich mag ihn sehr. Ich mag meine beiden Eltern. Zusammen und jeden für sich. Ich war immer sehr stolz auf euch, so unabhängig, so liberal, so großzügig, das kann doch nicht vorbei sein. Ein wenig verstehe ich ihn, aber dann auch wieder nicht. Mir ist unbegreiflich, wie naiv Helmut ist, so bescheuert kann doch keiner sein. Das mit Marseille, aber dann doch Tübingen ist irrsinnig brutal. Das kapiere ich nicht. Du tust mir unendlich Leid, sagt Andreij, und seine Augen werden immer röter.

Und ich frage ihn, den werdenden Vater, ob er sich vorstellen könne, ein Kind gemacht zu haben und es dann nie wieder sehen zu wollen. Unter sehr bösen Umständen ja, antwortet er, selbst wenn es um die Ecke wohnen würde. Dann Alimente und basta. Er kenne viele Mütter, die die Väter verlassen haben, und umgekehrt. Er verstehe sowieso nicht, wieso die Frau ein Kind von einem verheirateten Mann wollte. Sie müsse doch gewusst haben, was sie tue.

Genau das verstehe ich auch nicht. Genau das wird mich noch Monate umtreiben, bis ich erfahren muss, dass Helmut Mutter und Sohn mit Champagner, roten Rosen, Goldring und Studiofotograf gefeiert hat. Und ich überhaupt nichts mehr verstehe. Und nichts mehr verstehen will.

Aber an diesem scheußlichen Abend wusste ich noch nicht, wie tief der Weg vom Berg hinab sein wird. Wie lange der Abstieg dauern und ob das Tal schön sein wird. Ob es überhaupt eines gibt. Ich wusste nur genau: Helmut hat meine Innigkeit missbraucht. Er hat mir ein Kind im fernen Marseille untergeschoben, das bald nah bei ihm in Tübingen sein wird. Das alle seine Freunde bewundern werden, weil die Mutter die Freundin seiner Freunde ist. Das er jeden Tag sehen kann. Das nicht fremd sein wird, sondern grausam vertraut. Das er nicht ignorieren, sondern bald lieben wird. Mein Mann hat all dies gewusst und mich im Ungewissen gelassen. Ich bin Vater eines Kindes in Marseille geworden, hat er gestanden, als es nicht mehr viel zu verbergen gab, und hat erneut versucht etwas zu verbergen. Er hat mich im Glauben gelassen, das Kind sei kilometer- und gefühlsmäßig irrsinnig weit weg, dabei wird es bald um die Ecke sitzen. Er hat sich meine Lust erschlichen, schlimmer noch, meine ganze Offenheit, meine wahnsinnsgroße Bereitschaft, die Schwierigkeiten mit ihm zu tragen. Er hat sich meine Verzweiflung angesehen und meine Heulerei angehört. Er ist in meine Arme geplumpst, hat meine Leidenschaft goutiert und hat mir die Welt versprochen. Die ganze Welt. Bloß Tübingen war für ihn exterritoriales Gelände. Er hat mir meine Würde genommen, mich wie eine Schachfigur in seinem Spiel hin- und hergeschoben und heimlich triumphiert. Und ich Idiotin habe mich hin- und herschieben lassen und dabei noch geglaubt, ich habe eine Chance zu gewinnen. Dabei hatte er schon gewonnen, zwei Frauen auf einmal und ein Kind dazu. Herrgott, wie muss diese Ratte das genossen haben. Ich fühle mich wie im Mülleimer. Dieser Dreckskerl, dieser beschissene, feige Betrüger. Er hat ein Meisterstück in Strategie und Taktik abgeliefert, mich großartig über den Tisch gezogen. Meine Gefühle sind ein Brei aus leidenschaftlicher Wut, dem elementaren Wunsch nach Rache, mörderischem Selbstmitleid und der gottverdammten Ahnung, dass dies noch nicht alles gewesen ist. Dass er versuchen wird, mich wieder einzunebeln, dass ihm das gelingen wird, nur um mich später wieder über den Tisch zu ziehen. Er wird immer nur das zugeben, was ich ohnehin schon weiß. Das ahne ich und spüre trotzdem im Bauch, ich liebe diese Ratte immer noch, weiß der Teufel, warum. Dieser Dreckskerl wird mich weiter betrügen können, weil meine Furcht, ihn zu verlieren, stärker ist als alles andere.

Mein Magen, meine Knie, mein Restverstand hören die Signale der Libido. Dein Mann hat dich am letzten Wochenende für immer gewählt, sich mit Haut und Haaren für dich entschieden. Er hat es getan, nicht nur weil deine Möse glitschig gewesen ist.

Irgendwann in all diesem selbstmörderischen Zerreißen, mit dem erstaunlich lebensklugen Sohn am Tisch, ruft Helmut wieder an. Er sei jetzt am Hermsdorfer Kreuz, informiert er Andreij, gegen zwei Uhr nachts werde er in Berlin sein. Und Andreij gibt mir den Apparat, rede mit ihm, sagt er, zerschlage nicht alles. Und Helmut redet mit mir wie ein Mann. Du kannst dich scheiden lassen, sagt er, aber zuvor hörst du mich an. Ich lass mich nicht als Waschlappen beschimpfen, und ich bin kein Lügner und Betrüger. Du kannst mich hassen, aber darfst mich nicht verachten. Die Wohnung gehört auch mir, ich werde dort übernachten. Und morgen wirst du mit mir reden. Dann kannst du zum Anwalt gehen oder es lassen.

Ohne Schlaftablette geht es auch in dieser Nacht nicht. Während ich am Morgen versuche, ein Brötchen herunterzuwürgen, begegnet er mir. Unrasiert, gerötete Augen, zerknittertes Hemd. Ich weiß nicht, wie er riecht, ich halte Abstand. Ich könnte ihn zu Tode umarmen. Für kleine Gefühle ist kein Platz. Auch Helmut bleibt im Bild.

Mein Weg zu dir, sagt er, kam einem Selbstmordversuch gleich. Vorbei an brennenden Autos, auf nasser Straße, durch Nebelfelder, immer voll aufs Gaspedal. Ich habe auf 650 Kilometer Autobahn den Unfalltod riskiert, wollte mich aufgeben und dir die Witwenrente sichern. Ich hatte mein Leben dem Zufall überlassen, aber jetzt bin ich da. Es soll wohl so sein. Er erzählt es mit wenigen Worten und sparsamen Gesten, und sein schönes Gesicht ist grau. Ich habe es selten so grau gesehen. Aber sein Autobahninferno geht mir nicht unter die Haut. Was für ein Feigling, denke ich. Später wird er diese Nacht anders erzählen und seine Verzweiflung, sich, das Baby, die Mutter so in die Bredouille gebracht zu haben, zum großen Grenzpunkt stilisieren. Was für ein Feigling, werde ich wieder denken.

Dann kommt er zur Sache. Auf dem Weg nach Berlin, am vergangenen Wochenende, habe er gewusst, dass er mir vom Kind erzählen werde. Er habe sich trotzdem auf mich gefreut. Er habe Marseille gesagt, weil sich Tübingen nicht ergeben habe. Ich hätte nicht gefragt, obwohl er es erwartet hätte. Wenn ich gefragt hätte, natürlich, selbstverständlich! So sei er dankbar gewesen, habe die Chance, die Wahrheit dosieren zu können, mit beiden Händen ergriffen. Erst das Schmerzhafteste, dann die Aufräumarbeiten, habe er sich gedacht. Denn bevor man aufräumen könne, müsse man erst wissen, was. Nämlich das Haus. Jetzt hätten wir es wieder bezogen, und er wisse, es sei wunderschön. Er wolle es hüten und bewahren. In all den vergangenen Jahren habe er nie aufgehört, an dieses Haus zu glauben, aber ein wichtiger Teil seines Lebens sei im Vorgarten verkümmert. Ich hätte ihn als Liebhaber nicht ernst genommen, hätte das Triebtierchen in ihm wie einen Hund auf Sack verwiesen. So sei allmählich Platz entstanden. Es seien Frauen gekommen, die diesen Platz besetzen wollten, und er habe sie zugelassen. Aber immer nur auf diesem einen Platz im Vorgarten.

An diesem Vormittag und Nachmittag und Abend sagt er mir zum ersten Mal, was er mir später auch schreiben und viele Male wiederholen wird. Noch unscharf, noch bemüht, den Graben nicht weiter zu vertiefen, noch unter dem Eindruck, dass ich ihn verachte und deshalb die Scheidung will. Noch schmiert er Tünche über unsere Ehe, aber das große Problem legt er frei.

Du warst immer hart im Austeilen und hart im Nehmen, wird er sagen und dann schreiben: *Ich habe Dich dafür meis-*

tens bewundert und geliebt, manchmal auch gehasst. Du hast mir oft und mit einer schmerzenden Deutlichkeit zu verstehen gegeben, dass ich Dich körperlich nicht besonders interessiere, nur vom Kopf her. Wie viele programmatische Bemerkungen habe ich über die Jahre hin von Dir gesammelt, sammeln müssen – geh noch ein bisschen üben, war die schärfste Formel. Wir haben all dies nach vielen quälenden und sinnlosen Debatten mit dem Mantel des Schweigens zugedeckt. Es sollte nicht so absolut gesetzt werden und auch nicht spielentscheidend sein, war es auch nicht und ist es auch nicht. Aber es hat mich immer gewurmt. Ich erinnere mich an endlose Folgen von Zubettgeh-Ritualen. Du gehst schon mal ins Bad und dann ins Bett, ich folge hastig, damit ich Dich vielleicht doch noch wach antreffe. Aber es gelingt Dir meist, schon halb oder ganz eingeschlafen zu sein. Wütende Vorwürfe, wie rücksichtlos es sei, eine Schlafende zu stören. Oder wenn Du doch noch wach warst, rasch einen Streitfall aus dem Tagesprogramm hervorgezogen, was Politisches oder was Privates, vor allem etwas Abtörnendes, damit nicht auffällt, dass das Antörnen keine Chance hat. Umdrehen und einschlafen und gut. Und so über Wochen, Monate, Jahre, Jahrzehnte. Mit seltenen und wunderschönen Unterbrechungen. Gerade genug Brot, um nicht zu verhungern. Später mehr Zutraulichkeit, ein wenig Kuscheln vorm Eindrehen in die Schlafstellung. Eine schöne und wärmende Vertrautheit, sie war und ist fundamental, ich will sie überhaupt nicht denunzieren. Aber sie war stets wohl temperiert. Hand zwischen die Schenkel und gut. Da klemmte sie nun, gewärmt, geschmeichelt, gefesselt. Aufregungen im Bett sind es wahrhaftig nicht gewesen, die uns zusammengehalten haben. Weil wir trotzdem aneinander festgehalten haben, war ich mir so sicher und bin mir so sicher, dass wir durch alles mögliche fester und existenzieller aneinander geschnürt sind als durch eine Bettgeschichte.

Jawohl, Helmut hat Recht, obwohl ich das alles im Moment nicht hören will. Er hat Recht und ein klein wenig auch wieder nicht. Ich hatte nie eine ganz normale, beständige Sexualität, kannte keine Höhen und wenig Tiefen. Er wusste es. Immer suchte ich die Nähe, aber es gab eine Grenze, die ich nicht überschreiten konnte. Ich glaube, Sex war mir zu intim, so absurd das auch klingt. Das Vorspiel war immer netter als das Hauptspiel. Mein Testosteronspiegel stieg in Ausnahmesituationen, wenn ich einen Liebhaber erobern musste oder mich mit meinem Mann dramatisch versöhnen. Oder wenn die Situation pervers war.

Vor dreißig Jahren, das war die Zeit der verschiedensten Coming-outs, besuchte ich einen Psychofritzen. Der stand auf die Schlafentzugs- und anschließende Herausbrüllmethode. Urschrei nannte sich das. Wir sexgeschädigten Kombattanten liefen tage- und nächtelang im Morgenmantel herum, darunter selbstverständlich nichts, und sollten uns bei Rex Gildo, Peter Alexander oder Pat Boone allmählich öffnen. Erst den Morgenmantel, dann vielleicht die Schenkel, dann die Seele und endlich das Maul. Der ließ sich für seinen Voyeurismus bezahlen und wurde sehr wütend, weil ich eine widerspenstige Patientin blieb. Dabei stand ich nur auf Jimmy Hendrix, die Rolling Stones und auf kämpferische Studenten und nicht auf irgendwelche Ochsen, die nur einen Ständer kriegen, wenn sie Meerschweinchen quälen. Der Pschoheini beging später Selbstmord, ich habe es mit Freude gelesen.

Ich habe immer versucht, mich selbst zu therapieren, aber nie einen guten Weg gefunden. Immer nur die Situationen, die Orte, die Liebhaber gewechselt. Mit Männern, die mich liebten, wollte ich bald nicht mehr schlafen. Zu nass, zu schwer, zu akrobatisch, nicht wirklich wichtig, unnötig anstrengend. Irgendwie auch ein wenig peinlich, wenn man sich so gut kannte. Meine liebsten Liebhaber wurden später zu lieben Freunden und sind es immer noch.

Meine Ehe mit Walter wurde geschieden, weil ich die ehelichen Pflichten verweigerte, so stand es im Gerichtsurteil. Da kannte ich schon Helmut, den kämpferischen akademischen Mittelbauer mit Geige und vorzeitigem Samenerguss. Und dachte, na, diese Kleinigkeit kriegen wir hin. Nobody is perfect, aber sonst ist er es. Fast. Während er allmählich immer besser wurde, wurde ich allmählich immer schlechter und wusste nicht, wieso. Mein sexueller Appetit schwand, trotz eines radikalen Lebens mit linkem Buchladen und Trara im verschlafenen Marburg, trotz neuer Liebhaber und anderer Dramen, trotz diverser Techtelmechtel, die er mir präsentierte, damit ich eifersüchtig wurde, trotzdem und ganz gleich wie und wo, ich hatte keinen Hunger. Es funkte einfach nicht mehr, oder zu selten. Es gab Phasen, da dachte ich, ich wäre frigide, und es gab Phasen, da sagte ich, es wäre die Emanzipation der Frau, sich von dieser idiotischen Orgasmusfixiertheit zu befreien. Die die Männer natürlich erfunden haben, weil es ihre Lust steigert. Ich las Wilhelm Reich, aber dann doch lieber Flaubert und den alten Balten Keyserling.

Irgendwann gab ich auf, weil Helmut auch aufgab. Und ich ihm dankbar dafür war und nicht mehr daran rühren wollte. Weil ich ihn nicht verlieren wollte, den einzigen Mann in meinem Leben, der mich irgendwann scheinbar so akzeptierte, wie ich bin: ein Sportwagen, der dauernd in der Werkstatt steht. Ich wollte ihn nicht verlieren, den Mann, den ich immer gerne anschaute, auch wenn er manchmal angezogen ist wie von Aldi. Mit dem ich immer gerne redete, auch über Nachbars Blumentopf. Mit dem ich gerne beim Frühstück Zeitung las. Dessen Art, das Frühstücksei zu guillotinieren, mich nicht in den Wahnsinn trieb. Mit dem ich gerne einen Sohn hatte und auf dessen Vater ich stolz war. Mit dem ich gerne reiste, auch wenn die Autos dauernd liegen blieben. Mit dem ich gerne lachte, auch wenn es nichts zu lachen gab. Mit dem ich gerne Projekte auskochte, die manchmal tatsächlich auch was wurden. Mit dem ich Verrücktheiten probierte, vorzugsweise die mit ungewissem Ausgang. Mit dem ich eine Mühle in Umbrien besitze, die mir als einzig wirklich gemeinsamer Ort so wichtig ist wie meine Hand. Der hinnahm, dass ich mit Sohn, Hund, Katze die eheliche Wohnung in Kiel verließ, um wieder in Berlin zu arbeiten und zu leben.

Der sich dazu durchrang, meinen Job bei der Zeitung zu akzeptieren, und ihn nicht als einen Abschied von ihm verstand. Der Mauerfall, Vereinigungsgewühle und Hauptstadtdurcheinander endlich spannender fand, als mich zum Beischlaf zu überreden. Der nach Tübingen zog, obwohl es nur einen Bummelzug ab Stuttgart gab. Den ich im Großen und Ganzen nie langweilig fand, auch wenn ich seine Geschichten schon kannte und oft die Pointe fehlte. Dessen schlaksige Jugendlichkeit ich immer anziehend fand, obwohl ich es im Bett selten bewies. Den ich seit zwölf Jahren nicht ein einziges Mal betrogen habe, und bestimmt nicht aus Phantasielosigkeit, Bequemlichkeit, Männermangel, Prüderie oder etwa wegen der Moral. Den ich immer attraktiver fand, je älter und grauer der Kopf wurde. Vor dessen Operationssaal ich viele bange Stunden ausharrte, als sein Herz geflickt werden musste. Den ich bewunderte, weil er so klug und gebildet ist, ich aber nur intelligent und zweiter Bildungsweg. Der fast immer freundlich bleibt, während ich an den Nerven säge. Mit dem es ein unausgesprochenes Einverständnis gab, für immer zusammenzubleiben, gleich welche Konflikte durchzustehen sind; eine große Übereinstimmung in den wesentlichen Fragen des Lebens. Mit dem ich alt werden wollte, auch wenn ihm irgendwann die Haare ausfallen und er nur mit Stock herumtappern kann.

Ich habe nie aufgegeben, weil er der wichtigste Mann

meines Lebens ist. Der einzig wirklich wichtige Mann überhaupt. Ich habe nie aufgegeben, weil ich ihn liebe. Obwohl ich es selten gesagt habe, und wenn, dann hinter Einschränkungen versteckt, jegliches Pathos fürchtend. Im Prinzip, eigentlich, im Großen und Ganzen, meistens, aber …

Jetzt hat dieses Wundertier mich zerschlagen. Mich in den Dreck getreten. Mir den Schleier vom Gesicht gerissen. Erklärt seine Liaison mit einem jahrzehntelangen Ehemartyrium. Von dem ich nichts gewusst habe, zumindest nicht, wie sehr es in ihm brannte. Warum hat er nie die Notbremse gezogen? Oder mir den Feuerlöscher in die Hand gegeben? Es mag wahr sein, dass ein Seitensprung eine Ehe retten kann, aber nur, wenn sie gerettet werden soll. Und der Sprung nicht zu weit ist. Schon überhaupt nicht über den Zaun in ein neues Haus. Warum wirft er mir erst nach Eintritt der Menopause vor, nicht gebärwillig genug gewesen zu sein?

Warum haben wir nie über mein totgeborenes Kind geredet? Ein Kind, von dem ich nicht wusste, wer der Vater sein wird. Aber unbedingt wollte, dass Helmut es ist. Und Helmut wusste, dass ich es wollte, aber nicht sicher sein konnte. Hat er dies als Rechtfertigung genommen? Hat er mich benutzt? Hat er gemeint, ich müsse heute großzügig sein, weil er vor hundert Jahren auch einmal großzügig gewesen ist?

Die Schwangerschaft, ein paar Jahre nach Andreijs Geburt, war grausam. Die Zweifel fraßen sich in meinen Körper, die Angst, es wird ein Kind mit Sehfehler und Plattfüßen, machte mich krank. Sehr krank. Die Ärztin meinte, ich solle viel an die frische Luft. So hielt ich mich zusammen und trotz Kreislaufzusammenbrüchen stark, ließ jammern und Schwäche nicht zu und Helmut in Ruhe. Bis ich ein paar Tage vor dem regulären Geburtstermin in die Klinik eingeliefert wurde, über und über besprenkelt mit gelben Sternen auf der Haut. Das Kind sei tot, lautete die Diagnose. Ich müsse es normal austreiben, ein Kaiserschnitt komme nicht in Frage, man dürfe keine Verletzungen riskieren. Ich lag auf den Knien vor diesem Universitätsprofessor und bettelte um eine Narkose. Und bekam sie nicht, erst im allerallerletzten Moment. Zehn Stunden Gynäkologenstuhl, gespreizte Beine, gekachelte Wände, Neonlicht. Schlachthaus Krankenhaus. Ich wurde für Wochen valiumsüchtig, ohne Helmuts ruhiges Mitleid hätte ich den Entzug nicht geschafft. Gratuliere, hieß es später bei der Abschlussuntersuchung. Die Sache werde Eingang in die Forschung finden. Die Plazenta sei völlig verkrebst gewesen, das Kind, ein Mädchen, natürlich auch und an Nieren, Leber, Magen, Galle, Hirn schwerstbehindert. Nicht lebensfähig. Aber ich sei völlig gesund geblieben, dies wäre doch das Wichtigste und zudem eine medizinische Sensation. Sie können ja ein neues Kind machen, sagte der Universitätsprofessor, Sie sind ja noch jung. Warum habe ich diesen Frauenheilkundetechnokraten nicht wegen seelischer Grausamkeit angezeigt, warum hat Helmut ihn nicht zusammengeschlagen?

Jetzt deutet Helmut dieses Drama an, dieses große Tabu, zum ersten Mal seit 24 Jahren. Er sagt nicht, du hast ja selber …, sondern, du wolltest ja kein Kind mehr und schon überhaupt nicht von mir. Er will mich in eine Kumpanei hineinziehen, glaubt sogar, wir seien quitt. Aber das lasse ich nicht mit mir machen. Diese ungeklärte Vaterschaft habe ich teuer bezahlt, so teuer, wie eine untreue Frau nur überhaupt dafür bezahlen kann. Ich habe die Liaison mit dem möglichen Vater an dem Tag beendet, an dem ich wusste, dass ich schwanger bin. Ohne Bedauern, ohne das allergeringste Zaudern. Obwohl er mir auch eine Zukunft hätte bieten können, wenn es darauf angekommen wäre.

Nein, Helmut, puzzle ich an diesem Himmelfahrtsdonnerstag meinen Absturz zusammen. In unserer schönen Altbauwohnung mit den grün verklebten Fenstern. Mit dem Blick auf die Bücherregale, die nie nach Mein und Dein sortiert waren, den vielen Helmut- und Andreij-Fotos an der Wand und dem netten Mischlingshund unter dem Tisch. Mit Mineralwasser und Zigaretten bis zum Abwinken und einer Stimme wie aus dem Keller. Nein. Nein. Ich bin bereit gewesen, dir dein Verhältnis zu verzeihen. Unser gegenseitiges Versprechen ist größer und wichtiger gewesen als mein Unglück und das Wissen, betrogen worden zu sein. Ohne diesen Schock hätte ich mit dir weitergelebt, ohne zu ahnen, dass unsere Ehe schon lange am Ende war. Vermutlich sogar in Zufriedenheit, Selbstzufriedenheit. Ohne diesen Schock, ohne diese fundamentale Furcht, dich zu verlieren, wären die sexuellen Blockaden Blockaden geblieben. Deine Eröffnung hat mich aus dem Koma geholt, alles weggespült, was an Vorsichtigkeiten und Scham zwischen uns stand. Ich bin ins Wasser gesprungen und zu dir geschwommen. Mein Herz ist dir zugeflossen, nicht nur die Körpersäfte. Es war die berühmte Entscheidungssituation. Nicht für oder gegen dich und zwar subito, sondern für den Versuch eines neuen Lebens mit dir. Die Alternative wäre die Kapitulation gewesen. Ich habe mich für den neuen Versuch entschieden, weil ich noch nicht kalt genug war für ein Leben ohne dich. Die Chance glaubte ich nur ergreifen zu können, weil ich glaubte, ein fernes Kind in Marseille werde unser Leben nicht stören. Ein Kind, das in deinem Alltagsleben überhaupt nicht präsent ist. Das eine Mutter hat, mit der es zwar irgendwann zum Sex gekommen sein muss, die aber keine Rolle spielt, weil sie nicht wichtig, und entscheidender noch, 2.000 Kilometer entfernt wohnt. Ich bin losgeschwommen, weil ich dir glaubte, weil ich einen neuen Anfang finden wollte, und jetzt hast du mich ertränkt.

Du hast mir Betäubungstropfen in den Wein geschüttet, dann hast du mich ersaufen lassen. Du hast mich betrogen und belogen an einem der wichtigsten Tage unseres Lebens. Die Mutter wird bald wieder präsent sein, das Kind ebenfalls. Meine Hoffnung, unsere Ehe ohne die beiden neu zu sortieren und neu zu beginnen, hast du zerschlagen. Du hast dir mein Vertrauen erschlichen, brülle ich ihn an, du hast dir lustvoll angesehen, wie ich mich unter dir in Liebe und Lust wand. Du hast mich missbraucht, du hast mich vergewaltigt. Erst wolltest du mir Marseille nicht sagen, um Marseille nicht zu verlieren. Dann hast du Marseille gesagt, um Tübingen behalten zu können. Du widerst mich an mit deinen ewigen Versuchen, alles unter einen Hut zu bringen. Es widert mich an, wie du dich immer herausdrehen willst. Deine ganze Strategie und Taktik widert mich an, ich bin doch kein Hochschulkonvent. Wie kann man nur so grässlich gemein sein. Unseren geplanten Eheringkauf in Tübingen – Gott wie peinlich – und das Wochenende mit Freunden im Fränkischen kannst du dir in die Haare schmieren. Morgen früh um elf bin ich mit der Anwältin verabredet.

Helmut schaut mich an, das Gesicht grau, die Augenränder rot. Es ist anders, als du denkst, sagt er. Ja, wie ist es denn, fauche ich, den Satz kenne ich zum Erbrechen. Es ist anders, als du denkst, wiederholt er und verübt einen kleinen Verrat an der Frau. Er trennt Liebe und Sex, wie alle Männer es seit Adams Zeiten tun, wenn es ihnen ins Konzept passt. Aber wie hätte ich die älteste Entschuldigung der Welt in dieser aufgeputschten und zugleich so ambivalenten Situation als Plattitüde erkennen können. Tief unter aller Demütigung begraben schlummerte ja die Hoffnung, von Helmut zurückgerissen zu werden. Noch einmal. In sein Leben. In seine Arme. In das große WIR. Ich habe erst viel später begriffen, dass Helmut niemals so eindeutig agiert hat, wie er in dieser Stunde redete. Es stand ja auch alles auf der Kippe.

Ich habe Claire vor zwei Tagen nach Marseille geschrieben, dass unsere Beziehung zu Ende ist, dass ich ab sofort nichts mehr tun will, was meine Ehe und Liebesgeschichte mit und zu dir gefährden könnte. Ich habe ihr auch geschrieben, dass du die völlige Trennung vom Kind verlangst, was mir aber schwerfällt. Ich habe sie gebeten, mir Zeit zu geben. Ich habe mich von ihr für immer getrennt, in aller Klarheit und unmissverständlich.

Mein Verhältnis zu Claire, sagt er, war nie sehr eng. Nicht er, sondern sie sei sehr verliebt gewesen, er aber zu schwach und zu eitel, um sie zu bremsen. Er habe auch nicht gewusst, warum er sie überhaupt bremsen sollte. Seine Liebschaften, habe er geglaubt, seien mir alle egal, also auch diese. Nie habe es Pläne für eine gemeinsame Zukunft gegeben. Nie, sagt Helmut, habe ich sie im Zweifel über meine Hauptbeziehung gelassen. Sie wusste immer, dass ich mich nicht scheiden lassen will. Sie wusste, dass auch ein Kind daran nichts ändern wird. Unser Verhältnis ist immer ein heimliches gewesen, nicht einmal die engsten Freunde wussten davon und sollten es auch nie wissen. Das lag auch in Claires Interesse, weil sie sich vor dem Gerede schützen wollte. Auch das Kind sollte offiziell vaterlos sein. Sie hätten sich eine Konstruktion à la Mitterrand vorgestellt, über zwei Jahrzehnte wusste niemand von der Existenz einer außerehelichen Tochter. Dies sei sogar Claires Vorschlag gewesen. Ich habe nie beabsichtigt, eine neue Kleinfamilie aufzumachen, beteuert Helmut einmal und zweimal und ein drittes Mal. Ich habe nie auch nur irgendeine Versprechung irgendeiner Art gemacht. Nur die eine einzige, sie mit dem Kind nicht hängen zu lassen, das heißt, die Vaterschaft anzuerkennen, wenn sie es will, das Kind nicht zu verleugnen, erst recht nicht, wenn es danach fragt.

Alles sei geschehen, wie es geschehen sei, weil er erst an diesem unseren Wochenende begriffen habe, wie sehr ich ihn liebe. Zu spät, er gebe es zu, aber wie hätte er dies ahnen können. Von so einer Leidenschaft hätte er früher nicht einmal zu träumen gewagt. Tomasi di Lampedusa: Ein Jahr Feuer, dreißig Jahre Asche, dieses Literaturzitat habe sich in seinem Kopf festgefressen. Dann der Vulkanausbruch. Gegen alle Voraussagen und alle Erwartungen. Nach dreißig Jahren! Wieso hätte ich ihm meine Gefühle nicht früher gezeigt, wieso sei ich immer so gottverdammt temperiert gewesen. Verzeih mir, verzeih mir, sagt er, ich bin so ein unglaublicher Idiot. Ich will nur mit dir leben, wiederholt er den Satz, den er schon dutzende Male gesagt hat. Ich werde nichts mehr tun, was unsere Ehe gefährdet, gleich ob Marseille oder Tübingen.

Ich starre ihn fassungslos an. Wie könne er glauben, in Tübingen seinen Sohn ignorieren zu können. Mitterrand spielen und dies einen Kilometer entfernt und dann auch noch im gleichen Bekanntenkreis. Sobald er ihn sehen würde, und die Altstadt sei ja übersichtlich, schmelze er doch dahin. Sein Blut, vielleicht ein wirkliches Klein-Helmutchen, bestimmt sehr süß und bestimmt ein Schlauberger werdend. Wie herrlich. Ein guter Schüler, ein guter Student, ein Rententräger gar. All das, was sein erster Sohn nicht geworden ist. Na endlich. Ich klatsche ihm die Vaterfreuden um die Ohren, schwärme ihm was vom ersten Zähnchen und ersten Schrittchen vor, wie es mit Windeln in der Faust zu ihm in die Studentenbude wackelt, Papi, Papi plappernd. Ich quäle mich in masochistischster Weise in sein neues Familienleben und treibe ihn in eine Wut. Meine Projektionen seien obszön. Er habe kurz nach der Geburt mit Claire gebrochen. Das sei brutal genug gewesen. Er hätte größtes Verständnis, wenn sie ihn niederschießen würde. Ich soll verdammt noch mal endlich begreifen, dass er Schluss gemacht habe. Gründlich und ohne Hintertreppchenauswege und für immer. Das sei viel wichtiger als meine idiotische Phantasie, was in drei, vier Jahren mit dem Kind passiere. Das Kind sei einzig und allein Claires Kind, wie oft solle er das noch wiederholen. Er wolle sich nur nicht wie ein Schwein verhalten. Es reicht! Jetzt will er zu Andreij und mit Andreij reden.

Drei Stunden später kommt er zurück. Er ist ruhig, und ich bin es ausnahmsweise ebenfalls. Sein Sohn und seine schwangere Beinaheschwiegertochter hätten ihm unvorstellbare Naivität und bodenlosen Leichtsinn vorgeworfen. Sie rieten ihm, auf völlige Distanz zum Kind zu gehen. Für ihn, für mich, für uns, auch für das Kind sei dies momentan das Beste. Sie schlügen vor, er solle nach Stuttgart oder in den Schwarzwald ziehen, jedenfalls weg aus einer Geographie, in der es ständig zu Begegnungen mit der Landeskundlerin kommen könne. Die Tatsache Halbbruder nehme Andreij gelassen, was habe der Säugling denn mit ihm zu tun, habe er gesagt.

Im Nachhinein denke ich, es sind absurde Gespräche gewesen, die wir da geführt haben. Ich besessen davon, ihn zu kränken, aber auch wieder nicht zu doll, er besessen davon, sich die Zukunft einfach zu reden. Irgendwann definiert er sein Verhältnis zum Kind als das eines netten Onkels, der es von fern wohlwollend begleitet, aber mit dem täglichen Wachsen nichts zu tun hat. Bald auch als das eines Bekannten, der dem Kind mal eine Rassel schenkt, vielleicht auch mal einen Teddybären, wenn es sich ergeben sollte. Ein Bekannter eben, so wie alle anderen Bekannten auch, die sie gemeinsam haben. Ich halte das alles für Schwachsinn, aber ich will diesen Schwachsinn hören. Er ist ein Rettungsring im Mahlstrom. Ein Kind im fernen Marseille ist eine furchtbare Hypothek, aber eine, die ich zur Not tragen kann. Zu einem Kind in Tübingen aber fallen mir keine Kompromisse ein, nur ein fundamentalistisches Entweder/Oder. Zumal an einem kleinen Kind normalerweise eine Mutter hängt. Und vor allem, weil Helmut mir ihre Anwesenheit in Tübingen verschweigen wollte. Wie lange? Bis zum Abstillen? Bis zur Einschulung? Zwanzig Jahre wie bei den Mitterrands? Mein gottverdammtes Buch wird doch erst in hundert Jahren fertig.

Doch nur, um ungestört weitervögeln zu können, schleudere ich ihm ins Gesicht, als die schwarze Welle wieder einmal hochsteigt. Mit deiner tollen französischen Schlampe mit ihren tollen multiplen Orgasmen. Selbst wenn du nur mal in der Mittagspause fix vorbeifickst.

Ich habe an diesem Horrortag nicht eine einzige Sekunde lang überlegt, ob es möglich sein könnte, ein Kind in Tübingen akzeptieren zu lernen. Ich war fest davon überzeugt, dass dieses Kind mir meinen Mann rauben werde, dass ich es niemals würde aushalten können, dass mein Mann sein Gefühlsleben teilt und dass es neben Andreij einen zweiten Sohn gibt. Ich war felsenfest sicher, dass ein Klein-Helmutchen das zukünftige Enkelkind verdrängen und mich zu einem alten Weib machen werde. Allein die Idee, Helmut könne seinem Sohn den Arsch abwischen oder ihm den Schnuller in den Mund schieben, törnte mich sexuell völlig ab. Auch schon für das ganze nächste Jahrhundert im Voraus. Die Vorstellung, dass er es knuddelt, ihm Blaba ins Öhrchen säuselt und das grinsende Baby mit all den üblichen elterlichen Infantilitäten überschüttet, brachte mich zur Weißglut. Ich fing an, diesen Bastard zu hassen, weil er unsere Ehe ruiniert und auch jede Chance zu einem neuen Anfang. Aber Helmut konnte ich nicht hassen. Über Helmut war ich nur unglücklich. Er ist ja nur saudumm und hat so traurige Augen.

Je länger er mir gegenübersaß und mich mit den traurigen Augen anschaute, desto mehr schmolz ich dahin, desto mehr versetzte ich das abgrundtiefe Selbstmitleid mit ein paar Fünkchen Hoffnung. Schon wieder begann ich das Kind und ihn auseinander zu dividieren. Als ob es sich in autogener Selbstbefruchtung das Leben geschenkt hätte und sich in Tübingen verflüchtigen würde. Auch Helmut tat seinen Teil, mich in diesem Wahn zu lassen. Vielleicht weil er selbst in diesem Wahn steckte. Zumindest solange er meine verheulten Augen sah und meine brüchige Stimme hörte. Er fühle keine väterliche Liebe, wie auch, er habe es erst zweimal kurz gesehen. Aber er wolle sich nicht wie ein Schwein verhalten, wie könne ich ihn jemals achten, wenn er sich wie ein Schwein zum Kind verhielte. Er werde seine Beziehung zum Kind minimieren, das Verhältnis überschaubar halten, unterster Level und dann auch noch geheim. Mehr wäre nie verabredet gewesen. Er halte es ohnehin für realistisch, dass Claire sich nach seinem Brief einen neuen Job in Marseille suche oder ihm verbiete, dass Kind jemals wieder zu sehen. Auch sie habe ihren eigenen Kopf und ihren Stolz.

Das war der Ausweg in dieser schrecklichen Misere. Wenn die Frau auch nur einen Hauch Selbstachtung im Leib hat, dann wird sie den Teufel tun und Helmut immer noch als Vater ihres Sohnes wollen. Einen Mann, der ihr einen Monat nach der Niederkunft den Abschied vor die Füße knallt, wird sie ihrem Kind nicht zumuten können. Sie wird, falls sie, wider alle Vernunft, doch nach Tübingen kommen sollte, eine Decke über den Kinderwagen werfen, sollte sie dem Erzeuger zufällig beim Bäcker begegnen. Ein Kind unter einer Decke hasse ich auch nicht. Es mag zwar Helmuts biologisches Erbgut in sich tragen, aber es ist sozial irrelevant.

Mir fallen Steine von der Seele, Tonnen von Steinen. Ich ertrinke nicht in meinem Unglück, da hinten schwimmen die Rettungsringe. Ihr Stolz und sein Minimalismus. Ich brauche mich nicht wegen der Kinderliebe scheiden zu lassen – denn die wird es vielleicht, eventuell, möglicherweise, hoffentlich nicht geben –, sondern nur um meine Würde zu retten. Damit ich wieder in den Spiegel gucken kann, kein Blättchen im Sturm bin, den er angefacht hat. Würde kannst du nirgends borgen, für Würde muss frau selber sorgen, jawohl du alter Bock. Ich werde mich um meine Würde sorgen, damit dieses elementare Gefühl, du hättest mich beschmutzt, abgewaschen wird. Damit ich offensiv mit deiner Affäre umgehen kann und nicht schamvoll meine Demütigung verschweigen muss. Vielleicht auch, damit wir irgendwann vielleicht neu heiraten können. Nach deinen so toll angekündigten Aufräumarbeiten. Mit allen Fasern meines Körpers und mit ganzem Verstand verfluche ich ihn in die tiefste Hölle, wo er hoffentlich ganz langsam gebraten wird, und gleichzeitig sehne mich nach ihm, ganz schrecklich, und will die Engel singen hören. Aber ich sage es nicht.

Ich weiß, da ist etwas zerbrochen, das sich nie mehr heilen lässt. Wie kann ich dir jemals wieder vertrauen, wieso soll ich dir jemals wieder ein Wort glauben. Du hast etwas ausgelöscht, das substanziell gewesen ist. Selbst wenn wir wieder zueinander finden sollten. Es wird niemals mehr so sein, wie es einmal war. Du hast das große Einverständnis gebrochen, Konflikte, egal welche, miteinander zu lösen. Du hast laviert, als du nicht lavieren durftest. Du hast versucht, etwas miteinander zu vereinbaren, was nicht zu vereinbaren ist. Du wolltest mich zum zweiten Mal betrügen. Du hast mich durch dein Schweigen zum zweiten Mal betrogen, grausamer als zuvor. Du hast mich herausfinden lassen, was du mir hättest sagen müssen, du wolltest, dass es nie herauskommt. Du hast wieder davonkommen wollen. Ab heute wird es immer ein Davor und ein Danach geben. Es wird niemals mehr bequem. Niemals mehr gelassen. Niemals mehr selbstverständlich. Wie schön war es doch früher.

Als er sich an diesem Abend an der Tür verabschiedet, um nach Tübingen zu seinen Tagesordnungen, Staatsexamen, der Vorlesung zu fahren, stehen wir lange wie ein Liebespaar aneinander gelehnt. Wir sind auch ein Liebespaar, aber ein kaputtes. Dem Sportwagen fehlt die Zündung, und dem Geländewagen fehlen die Bremsen. Gott, wie gut er aussieht und wie vertraut er riecht. Soll ich morgen ganz, ganz früh fahren, fragt er und drückt mich fest an seinen Mantel, aber ich sage, nein. Dein Problem ist, wenn man dir sagt, du bist geil, wirst du geil. Du bist nicht autonom.

Das bin ich erst recht nicht. Ich klebe an diesem Mann, will ihn nicht loslassen, ersticke aber am Kleister und will noch ein paar Kilo mehr davon haben. In ein paar Stunden bin ich mit der Anwältin verabredet, soll ich oder soll ich nicht? Ich will nicht, aber ich weiß nicht, wie viel Helmut mir noch zumuten wird. Er hat mir schon zu viel zugemutet, vielleicht meint er, ich ertrage alles.

Die Nacht geht irgendwie vorbei, das Kissen ist nass geheult. Eine Stunde vor dem Anwaltstermin rufe ich meine Schwester in Worms an, meine geliebte, vernünftige, nüchterne Cathrin, Krankenschwester in einer Irrenanstalt, mit einem riesigen Herz für alle Verrückten und Psychopathen dieser Erde. Ich schluchze in den Hörer, was soll ich tun, und sie schluchzt auch und rät: Geh nicht zum Anwalt, verschlimmere es nicht, ein Kind ist in fünf Minuten gemacht, aber du bist 27 Jahre mit ihm verheiratet. Helmut hat dich immer geliebt, er liebt dich immer noch, du kannst verlangen, dass er sich von dem Kind trennt, die Frau wird gewusst haben, warum sie es wollte. Sei großzügig, das Kind ist ein Zufallsprodukt. Es war ihre Entscheidung, möge sie glücklich damit werden. Aber er hat sich dir neu geschenkt und du dich ihm, ich glaube ihm, dass es für immer sein soll, das ist doch viel wichtiger. Ich bin überzeugt, dass er das Kind nicht wollte und jetzt todunglücklich ist. Werft euch nicht weg, oder nimm du dir wenigstens Zeit.

Zufallsprodukt, Ergebnis eines fünfminutigen Rausches, Helmut todunglücklich. Nachträglich kann ich kaum glauben, wie wenig ich mir zu diesem Zeitpunkt über sein Verhältnis zu dieser Frau den Kopf zerbrochen habe, wie sehr ich ihm glauben wollte, dass er Sex und Liebe voneinander trennen kann. Die größte Plattitüde der Machowelt fraß ich gerne als Wahrheit, weil er sie gesagt hat. Weil er mich damit in die Höhe hob und sie in die Tiefe drückte. Wie die

Frau über Liebe und Sex dachte, war mir scheißegal. Ich kannte ihren Namen, ihre Adresse, ihre Telefonnummer, fand ihre Show damals in Helmuts Auto widerlich, aber mehr wusste ich nicht und fragte auch nicht. Ich hatte nicht das geringste Bedürfnis, sie anzurufen; hätte ich zum Baby gratulieren sollen? Sie war DIE Frau, aber nicht DIE Claire. Indem ich sie anonym hielt, kickte ich sie weg wie einen Eiswürfel auf die heiße Platte. Zisch, der Eiswürfel hüpft, springt, wehrt sich. Zisch, weg ist er. Ich hielt sie für eine Männerstehlerin, ganz sicher für eine Spielerin, aber es ist das Risiko von Spielerinnen, auch verlieren zu können. Helmut hatte die Leistung erbracht, jetzt musste sie den Preis dafür bezahlen. Ich fühlte kein Mitleid, nicht das allergeringste schwesterliche Mitgefühl, obwohl ich doch weiß, dass sich jede Frau in den Mann verliebt, mit dem sie viermal geschlafen hat. Oder sechsmal, und dogmatische Feministinnen zehnmal. Die Einheit von Liebe und Sex ist die Stärke der Frauen, jetzt ist es eben ihre Schwäche. Ich wollte sie als emanzipierte Frau, die sehr wohl wusste, auf was sie sich eingelassen hat. Selber schuld! Ich hielt sie auf jeden Fall für autonomer als den triebgesteuerten Helmut, war zudem davon überzeugt, dass dieses raffinierte Weib ihn mit dem Kind überlistet hat. In all meinen Unglück und der irrsinnigen Bereitschaft, mich selbst zu betrügen, wollte ich immer noch daran glauben, er hätte diese Schlampe halt nur mal eben zur falschen Zeit gebumst.

Erst viel später sollte ich mich in diese Beziehung hineinwühlen und krank an der Seele werden. Und versuchen, mich aus diesem Sumpf zu befreien, meine Selbstachtung wieder zu finden, auf dem einzigen Feld, das ich für mich sehe. Es gibt Frauen, die bringen sich um, wenn sie nur noch halb lebendig sind, andere gehen zum Psychotherapeuten, die dritten schneiden ihrem Mann den Schwanz ab, die vierten leiden ihr ganzes Leben, die fünften besitzen die Gnade des Vergessens, und die schöne Filmfrau in meinem Alter, Senta Berger, vermietet ein Zimmer mit Frühstück und findet einen neuen Mann, einen sensiblen Professor. Ich schreibe es auf. Mein Computer ist mein Analytiker, mein Messer, mein Zimmer mit Aussicht, ist mein neuer Professor. Ich starre auf den Bildschirm, und während ich die Erinnerungen zulasse, lässt der Druck langsam nach.

Ich schreibe, ohne das Ende zu wissen, und nehme Lungenkrebs in Kauf. Damit der Selbstbetrug aufhört. Damit ich frei werde. Auch von Helmut? Damit ich wieder meine Souveränität finde. Für einen Solo-Helmut, für einen Helmut mit Kind oder für gar keinen Helmut? Damit ich wieder Platz in meinem Kopf für die Nazibiografie finde, die ich seit Monaten vorgebe zu schreiben. Von der ich einmal so fasziniert gewesen war, dass ich den Redakteursjob an den Nagel hängte und beschloss, vom Vorschuss zu leben. Der längst schon aufgefressen ist. Ich schreibe, damit ich nicht immer nur reagieren muss. Damit ich herausfinde, was ich will, und die Folgen tragen kann.

Schon einmal hat die Aufschreibtherapie geholfen; vor ein paar Jahren, als ich mit dem Stilett an der Kehle im Berliner Mauerbrachland vergewaltigt worden bin. Nachdem ich mir die Gewalt, die Angst, den Ekel, die desinteressiert vorbeieilenden Passanten, die voyeuristischen Polizisten vom Leib und aus dem Kopf weggeschrieben hatte und der Bericht anonym erschienen war, war es aus und für immer vorbei. Der Kerl hatte mich zwar vergewaltigt, aber beschädigen konnte er mich nicht.

Am 21. Mai um elf Uhr sitze ich bei der Anwältin auf der Couch, Cathrins gute Ratschläge ignorierend. Die Anwältin, blond, kompetent, nüchtern, Expertin in Familienrecht, erklärt mir die Gesetzeslage. Das alte Schuldprinzip, das Walters und meine Ehe wegen Beischlafsverweigerung einmal ruckzuck ohne Fisimatenten, in geheimer Übereinstimmung und auch noch billig erledigt hatte, sei abgeschafft. Heute gelte nur noch das Zerrüttungsprinzip. Der Scheidungswillige müsse dem Ehepartner die Scheidungsabsicht erklären, am sichersten schriftlich und mit Kopie an den Anwalt. Genau ein Jahr später könne dann die Prozedur beginnen. Vorausgesetzt, beide Partner seien sich einig. Verweigere aber einer der beiden die Scheidungszustimmung, verlängere sich die eheliche Klärungsfrist um zwei weitere Jahre. Nach Ablauf dieser Frist, nach insgesamt drei Jahren, werde die Ehe dann geschieden, ganz gleich, ob einer noch Zeter und Mordio schreie.

Seelische Grausamkeit ist nicht mehr justiziabel. Mein Mann könnte mir die Männerstehlerin ins Bett legen und eine Kür reiten, und das wäre keine seelische Grausamkeit. Er könnte seinem Sohn noch ein Schwesterchen schenken, und es wäre immer noch keine seelische Grausamkeit. Einerseits! Andererseits, wäre ich glücklicher gewesen, wenn ich mich am 22. Mai hätte scheiden lassen können? Von dem Mann, mit dem ich trotz allem im Sommer in die Mühle fahren wollte, auch wenn ich nicht den leisesten Schimmer hatte, ob wir uns dort zerfleischen oder heil lieben würden. Meine Scheidungslust, ich wusste es genau, war eine Mischung aus dem Wunsch nach Rache, dem Versuch, meine verdammte Ehre wiederherzustellen, zumindest irgendwie eindeutig zu reagieren. Das kann doch nicht wahr sein, dass ich zum Mäuschen werde. Zu einem Goldhamster in seinem Rad.

Die Anwältin hat dieses Hin und Her genau gespürt, sie hat die Atmosphäre mit Zahlen versachlicht. Wie viel und wie lange muss er mir Unterhalt zahlen, wie viel bekomme ich von seiner Rente. Ich bin mit Helmut seit 27 Jahren verheiratet, bin 54 Jahre alt, als freie Autorin auf dem Arbeitsmarkt extrem schwer zu vermitteln, und eine Gütertrennung haben wir auch nicht. Sie erzählt mir viel von 3/7 des Nettoeinkommens, von Ein-und Abrechnen, von 45 bis 50 Prozent der Rente und einem Lebensstandard, den er mir nicht versauen darf. Das alles sieht gut für mich aus, eine Scheidung könnte für mich sogar lukrativer sein als das jetzige Laisser-faire.

Wenn es das Kind nicht gäbe, diesen Balg. Die Düsseldorfer Unterhaltstabelle, die sie mir kopiert, ist ein Schock. Der Gesetzgeber macht keinen Unterschied zwischen ehelichen, nichtehelichen und außerehelichen Kindern. Aber es macht einen Unterschied, ob ich als gesellschaftspolitisch engagierte Journalistin über das Los allein stehender Mütter schreibe oder als finanziell abhängige Ehefrau lerne, dass ich das Abenteuer meines Mannes ein ganzes Leben lang mit bezahlen muss. Denn all die 3/7 und 45 bis 50 Prozent gelten erst nach Abzug der Alimente. Und die steigen mit dem Lebensalter des Kindes. Bis auf 19 Prozent des Nettoeinkommens. Mein Mann wird in ein paar Jahren pensioniert, sein Einkommen sinkt erheblich, und wir haben nie irgendwelche Vorsorge getroffen. Sein Einkommen sinkt, aber seine Unterhaltsverpflichtungen steigen nominell und real. Und meine 3/7 und 45 bis 50 werden immer weniger.

Helmut hat sich nicht nur moralisch an mir versündigt, sondern stürzt mich auch noch in eine Altersarmut. Mit dem Geld, das mir in ein paar Jahren als Ex-Ehefrau gesetzlich zusteht, werde ich nicht leben können, weil die Alimente vorher abgezogen werden. Ganz sicher nicht, die Zahlen stehen auf dem Papier und die Modellrechnung beweist es klipp und klar. Sie ist kein Witz. Ich werde mir überlegen müssen, ob ich mir als scheidungsgeschädigte 70-Jährige lieber eine Busfahrkarte ins Seniorenheim für Alleinstehende oder eine Flasche Kellergeister von Penny leisten will. Als frühere Selbstständige in einem linken

Buchladen, als billige taz-Redakteurin und jetzt in der Künstler-Sozialkasse im unteren Einkommensfeld eingestuft, werde ich zum Fall für das Sozialamt. Während das Kind in Saus und Braus lebt und auf Papis Kosten an der Ecôle Française studiert. Und erbberechtigt ist. Sollte Helmut morgen einen Unfall haben, gehört dem Kleinen die Mühle in Umbrien übermorgen mit und auch die lächerliche Erbschaft, die auf Helmuts Konto gebunkert ist und nicht mal Zinsen abwirft. Dann müsste ich mit meiner Witwenrente sogar die Alimente zahlen.

Mein Gott, Helmut, du hast mein ganzes unterbezahltes Leben mit getragen, hast kokettiert mit dem politischen Projekt an deiner Seite, hast mir selbstverständlich die Kontovollmacht übertragen, hast stets vom Familieneinkommen geredet und nicht in Mein und Dein getrennt, aber jetzt hast du eine neue Familie aufgemacht, jedenfalls finanziell, und indirekt auf meine Kosten. Mindestens für die nächsten 18 Jahre. In 18 Jahren bist du 74. Ich kann mich nicht scheiden lassen, weil ich in zehn Jahren von dir finanziell abhängiger sein werde als je zuvor. Weil ich nicht zwischen Busfahrkarte und Kellergeister wählen möchte. Weil ich Angst vor der Armut habe, auch wenn die Gesundheit prima und der Charakter gut sein sollte.

Seit diesem Tag bei der Anwältin weiß ich, dass meine Emanzipation auf Sand gebaut ist. Dass ich ohne Netz nur leben konnte, weil ich auf vier Füße fallen würde. Dass ich eine schlechte Ehehure gewesen bin, denn die hält ihren Investmentfond wenigstens zusammen.

Das Vorsorge-Scheidungsbegehren habe ich trotzdem aufgesetzt. Die zweite, dritte, vierte Demütigung von Helmut, nämlich die, in die Armut gebumst worden zu sein, war stärker als die Angst vorm Pennymarkt. Ich habe den Schrieb getippt. Hiermit erkläre ich, dass ich mich von Dir scheiden lassen will und dass ich das Verfahren Ende Mai

2000 einleiten werde. Eine Kopie habe ich bei der Anwältin hinterlegt.

Ich habe meinen Hund geholt und bin mit ihm in den Grunewald gefahren. Er tollte fröhlich herum, schwanzwedelnd, selbst das erinnerte mich an den Triebtäter. Es ist nicht war, dass Geschichten einen Höhepunkt haben und dann die Auflösung beginnt. Dies geschieht nur in der Welt der Literatur und in den Emanzenfilmen aus Amerika. In der realen Welt werden Geschichten wieder und wieder erzählt. Mae Wests und Meryl Streeps Ehedramen führen zu einer Explosion, dann zur großen Säuberung und enden mit der tröstlichen Befreiung. Bei mir pifft und pafft es nur.

Der Scheidungsbrief war piff und paff. Ich fühlte mich zerdeppert, blau geschlagen, aber kein bisschen besser als noch eine Minute vor elf und auch nicht schlechter als am versoffenen Abend zuvor. Die gleiche Leere, das gleiche starre Gesicht, der gleiche gefrorene Körper, das Hundegebell und die Hierher-Platz-Kommandos der Hundebesitzer eine Million Kilometer entfernt. Irgendjemand wollte Feuer für die Zigarette, der Jemand hatte eine Autistin vor sich. Ich saß da ewig auf einem Holzklotz, glotzte auf den verdreckten See und sah überhaupt nichts. Und irgendwann Helmut, ganz, ganz weit entfernt auf der anderen Seite des Ufers, Susi, Süße, flüstert er, Susi, Süße, warum müssen wir uns so quälen?

Am frühen Abend rufe ich ihn an, geplatzt vor lauter Sehnsucht nach dem Susi, Süße. Ich werde morgen doch zum Pfingsttreffen mit den Freunden ins Fränkische fahren, ob er auch kommen will. Er will, ruft er, seine Erleichterung kaum zügeln könnend, und dann höchst sensibel: Ein oder zwei Zimmer? Ein Zimmer! Ob ich heute schon losfahren möchte, über Tübingen … und wir dann Samstagmittag gemeinsam weiter. Dies ganz sicher nicht, ich werde nie wieder einen Fuß nach Tübingen setzen, gelobe ich mit fester Stimme. Sechs Wochen später hatte ich auch diesen Vorsatz gebrochen.

Im Haus der Begegnung – so heißt die Tagungsstätte wahrhaftig – kommt Helmut mir schon im Flur entgegen, er war alle paar Minuten zum Ausschauhalten auf den Parkplatz gerannt. Ich umarme ihn nicht, aber er darf mein Gepäck tragen.

Unser seit Jahren gepflegtes Freundestreffen läuft immer nach dem gleichen Ritual ab. Wir sitzen mit etwa 25 Freunden im Raum, und nacheinander bilanziert jeder für sich das vergangene Jahr. Früher den beruflichen Aufstieg, jetzt die drohende Pensionierung. Früher das Engagement in der Friedensbewegung, bei Bhagwan oder beim Galeristen um die Ecke, jetzt im Asylbewerberheim oder beim Rotary-Club. Früher die Probleme oder Freuden mit Kindern, heute das gelassene Verhältnis zu den Kindeskindern. Ab und zu schwappt die Gesundheitsreform hoch oder das Nato-Bombardement im Kosovo. Je nachdem. Wir alle kennen uns seit Jahrzehnten und jede Falte im Gesicht. Auch unsere Eltern kannten sich vor Jahrzehnten. Wir sind fast alle deutschbaltischer Herkunft, sind miteinander verwandt oder waren einmal miteinander liiert, haben zumindest zusammen studiert. Es gibt kein einziges geschiedenes Paar unter uns, nur meine Ex-Schwägerin lebt halb getrennt von ihrem Ehemann. Aber auch er kommt gerne zu den Treffen. Es ist immer sehr nett und kultiviert, und immer entsteht eine Intensität, die etwas Besonderes hat, aber selten intim wird. Balten reden ungerne über Privates und schon überhaupt nicht über sexuelle Verirrungen. Es ist ein Kreis, in dem Helmut und ich unsere Misere ausbreiten könnten, aber wir tun es nicht. Er redet über die Universität und darüber, das die Mittel für Sonderforschungsbereiche allmählich gefährlich knapp werden, und ich über mein sich hinziehendes Lebenswerk, das ultimative Sachbuch, und über das zukünftige Enkelkind. Ich rede in den Raum hinein, aber eigentlich nur für ihn. Kein Wörtchen fällt zweideutig aus, obwohl das Herz so voll ist. Später fragt mich die sensible Malerin mit dem starken Hang zum Übersinnlichen, ob ich Ehesorgen hätte, ich wirkte so verkrampft. Was, wieso, frage ich, wie kommst du darauf?

Diese Gesprächsabende sind lang. Wir schauen uns immer öfter an, und ich finde ihn immer anziehender. Wie gut er aussieht, wie schön seine Gesten sind und wie warmherzig er reden kann. Diese schönen Augen mit ihren Tränensäcken, diese schönen Hände mit den riesigen Fingernägeln, unter denen sich so schnell Dreck festsetzen kann. Diese wunderbaren Einmetervierundneunzig, an denen mein Kopf genau in die Kuhle neben dem Brustbein passt. In dieser vertrauten Runde ist er mir nah, zugleich ein Mann, den ich überhaupt nicht kenne. Warum soll ich mich von einem fremden Mann scheiden lassen, der mir so nah ist. Botho Strauß: Ich habe mich tief verloren in diesem undeutlichen Menschen. Stimmt! Botho Strauß ist kein Faschist, er ist ein Menschenkenner. Ich fange an zu zittern, könnte meinen Mann auf der Stelle vergewaltigen. Eine Minute nach Ablauf der Anstandsfrist verlasse ich den Raum. Er folgt. In dem Zweibettzimmer mit den 70 Zentimeter breiten Matratzen und dem Kreuz an der Wand fallen wir übereinander her, kaum dass die Tür geschlossen ist. Wir reißen uns die Kleider vom Leib, es gibt kein Vorspiel, nur noch Vollzug. Wir haben nichts miteinander zu bereden, er hält mir den Mund zu, damit ich nicht schreie. Am nächsten Morgen überreiche ich ihm den Scheidungsbrief. Er fragt: Muss ich jetzt einen neuen Aktenordner anlegen?

Die nächste Nacht ist sanfter, und danach fahren wir nach Berlin, eine Woche Pfingstferien ohne Seminare und Fakultätssitzungen. Zum ersten Mal seit Beginn des Ehegefechts sind wir länger als drei Tage zusammen. Es wird eine wunderbare Woche. Eine schizophrene. Wir hätten uns so viel zu sagen und sagen uns auch viel, aber nichts Schmerzendes, nichts wirklich fundamental Schmerzendes. Ich will ihn an der Leine halten und will an seiner hängen. Ich nehme es sogar hin, dass ein Kind niemals ein Zufallsprodukt sein kann. Wenn ein Mann und eine Frau zusammen schliefen, müsse man immer damit rechnen, doziert er. Es ist ein Satz aus dem Biologiebuch, über den ich später viel zu lange nachdenken werde. Über alles denke ich immer erst nach, wenn er weg ist.

Wir besprechen meine Altersarmut, aber nicht, dass sein neues Kind ihn mindestens 200.000 Mark kosten wird, während er für Andreij bisher höchstens lächerliche 80.000 ausgegeben hat, Steuervorteile eingerechnet. Die Mühle müsse Andreij überschrieben, aber vorher erst einmal die stillen Mitbesitzer ausbezahlt werden, fordere ich als Erstmutter. Er wird sich darum kümmern. Dann großes Versprechen, du wirst die finanziellen Belastungen durch das Kind niemals spüren. Du wirst das Kind nicht spüren, in meinem Alltag gibt es kein Kind und an den Sonntagen nur dich. Wir sind beide bemüht, die wirklichen Verletzungen zuzupflastern und Balsam auf die Wunden zu schmieren. Er werde noch einmal nach Marseille fahren müssen, um die Zukunft zu regeln. Die Vaterschaftsanerkennung und die Alimente. Sonst wisse er nicht, wie er sich verhalten solle, wenn er die Mutter zufällig auf der Straße treffe. Ja, sage ich, inzwischen friedlich gevögelt, dies müsse er tun.

Ich habe keine Viertelstunde Zeit, auf die Frau eifersüchtig zu werden. In dieser Woche mit Helmut gibt es sie einfach nicht. Es gibt nur uns und unser ewig sich einander Vergewissern wollen. Ich finde es und ihn hinreißend, unvorstellbar, dass ich Sex mit Helmut einmal nur nass und unbequem fand. Liebe und Sex zusammen, die Mischung aus Ekstase und Ruhe, Festhalten und Loslassen, die Einheit von Körper, Herz und Kopf, das ist nicht Triebabfuhr, das ist das Schönste auf der Welt. Wir probieren alles aus, was wir vor hundert Jahren in die Tiefkühltruhe versenkt hatten, und alles schmeckt zum Nocheinmal. Der Ehemann als Geliebter, der geliebte Ehemann. Nachts wache ich auf und dränge mich an ihn. Jetzt bin ich es, die die Hand zwischen seine Schenkel zwängt. Die aber niemals gefesselt bleibt. Ich bin in dieser Woche glücklich, weil ich den Kopf in den Sand stecken kann. Es gibt nichts, kein einziges Indiz dafür, dass die Neurose nur darauf wartet zu wachsen, groß und größer zu werden, dick und rund, so fett, dass sie den Optimismus auffrisst.

Der Scheidungsbrief liegt in der Aktentasche, und wir basteln uns eine Zukunft. Helmut will umziehen, am Schwarzwaldrand eine Wohnung suchen, in der ich Platz für einen Schreibtisch und meine Dessous habe. Seine vielfältigen Instituts-, Fakultäts-, Dekanats-, Graduiertenkollegs-, Sonderforschungsbereichs-, Philologenverbands-, Johann-Gottfried-Herder-Gesellschafts- und weiß Gott noch was für Verpflichtungen will er auf ein Normalmaß stutzen. Im Wintersemester will er sich den Freitagnachmittag oder den Montagmorgen terminfrei halten. Er will jedes freie Wochenende nach Berlin fliegen. Er will mich oft anrufen und mir viele Faxbriefe schicken. Wir werden im Sommer so lange wie möglich in Italien bleiben, mindestens vier Wochen. Er wird 2001 versuchen, ein langes Freisemester zu bekommen. Ich soll mein Buch weiterschreiben und er wird es begleiten. Wir werden nie mehr miteinander so blind umgehen, wie wir miteinander umgegangen sind, jeder auf seine Weise.

Ich habe in dieser Woche an die Träume geglaubt, mich in ihnen eingerichtet wie eine Bärin in ihre Winterhöhle.

Mit Helmut zusammen werde ich alle Schwierigkeiten bewältigen, heute ist heute, und morgen ist weit weg. Was ist furchtbarer? Die Existenz des Kindes oder seine Anwesenheit in Tübingen? Wenn ich die Existenz des Kindes als Zufallsprodukt akzeptiere, wieso dann nicht auch, dass es in Tübingen lebt? Wenn Helmut ihm doch aus dem Weg gehen will, ich ihm wichtiger bin als eine zufällige Blutsverwandtschaft? Auch Arthur Schnitzler hatte einen außerehelichen Sohn um die Ecke wohnen, den er kaum kannte. Und Mitterrand die berühmte Tochter.

Die Dröhnung Helmut wirkt, solange er neben mir steht, geht, schläft, redet und mich umarmt. Als er wieder in Tübingen ist, lässt die Wirkung nach. Was hat er eigentlich damit gemeint, dass die Frau allen Grund hat, ihn auf der Straße niederzuschießen? Dass sein Abschiedsbrief brutal war? Dass man immer damit rechnen müsse, dass ein Kind entstehe, wenn Mann und Frau miteinander schliefen? Wie oft haben die eigentlich miteinander geschlafen? Die Empfängnisbereitschaft einer Frau sinkt ab dem 40. Lebensjahr rapide. Vor allem, wenn sie raucht. Raucht sie? Und Alkohol trinkt. Trinkt sie Alkohol? Alle Französinnen trinken Bordeaux! Also haben die beiden ständig miteinander gevögelt.

Die Eifersucht kriecht in meinen Körper, ganz langsam, aber sie kriecht. Wie alt ist das Kind eigentlich? Wurde es vor oder während unseres netten Osterurlaubs in Italien geboren? Oder kurz danach? Oder als Helmut in Marseille war? Dabei war? Wenn es jetzt etwa zwei Monate alt ist, dann muss es im Juni oder Juli vergangenen Jahres gezeugt worden sein. Im Juni? Da war ich unendlich glücklich und Helmut so stolz auf seine Frau, weil sich die Verlage um mein Sachbuchprojekt nur so rissen. Beim Sommerfest des Literaturagenten hielt ich regelrecht Hof, wie habe ich das genossen und auch, dass Helmut die Freude teilte. Hat er sie überhaupt nicht ehrlich geteilt, sondern ist eifersüchtig auf meinen Erfolg gewesen? Den ersten großen, in meinem langen Leben. Hat er seinen Neid mit einer heißen Affäre weggevögelt, weil er immer und überall der Größte, the number one sein will? Gott, wie eklig, das kann nicht sein, das will ich nicht glauben! Oder ist das Kind im Juli entstanden? Im Juli war ich in Lettland zur Recherche gewesen, eine Reise, auf der er mich zuerst begleiten wollte, was er dann aber wegen Terminkollisionen kurzfristig absagte. Ich hatte ihm jeden Tag eine Postkarte geschickt und ihn jeden Abend mit dem Handy angerufen und immer nur den Anrufbeantworter erwischt. Während ich ihm die Schönheit der weißen Nächte aufs Band schwärmte, erlebte er heiße. Während ich hingerissen dem lettischen Sängerfest lauschte, stöhnte er in die Frau hinein. Hat die Frau ihm gesagt, hör mal Liebster, im Moment ist es gefährlich, und hat er dann gestöhnt, ach Susi, Süße, bisher ist doch alles immer gut gegangen? Hat der Tanz auf dem Drahtseil seine Lust befeuert?

Susi, Süße, so hat er mich immer genannt, und ich fand es süß. Vor vielen Jahren war ich einmal sehr eifersüchtig auf eine Kollegin und verabredete mich mit ihr in einem Café. Sie erzählte mir von Susi, Süße, und ich erzählte ihr von Susi, Süße. Das war das Ende ihres Techtelmechtels, und ich habe zu Hause Helmut eine Ladung heißes Hackfleisch ins Gesicht geworfen. Der Hund war begeistert, schleckte den Küchenfußboden sauber, die Katze kam angerannt, wollte auch, und wir mussten schrecklich lachen und knutschten die Affäre weg.

Aber eine Affäre bekommt kein Kind. Eine Affäre kann rechnen. War sie doch keine Affäre, sondern eine echte Susi, Süße? Aber er hat doch gesagt, die Geschichte sei nie sehr ernst, er nie sehr verliebt gewesen und jetzt sei es aus und vorbei. War das auch gelogen? Auch? Nein, Helmut hat sein Verhältnis beendet. Ich krame in der jüngsten Vergangenheit herum und finde nichts. Es gibt nicht den allerkleinsten Verdacht, dass dies nicht wahr ist.

In diesen Tagen alleine in Berlin dreht sich die Eifersucht noch im Kreise. Ich liege nächtelang wach, ein ständiges Wechselspiel von Frost und Fieber. Von 38 plus auf 38 minus. Am Tag fresse ich Aspirin, zittere ununterbrochen, bekomme nichts auf die Reihe. Es gibt keinen Anfang, nur ein Gemansche von wirren Projektionen und offenen Fragen. Ich weiß noch nicht einmal, was ich überhaupt fragen soll und vor welchen Antworten ich am meisten Angst habe muss, erst recht nicht, was ich mit möglichen Antworten anfangen soll. Die immer so glitschig sind wie ein Aal im Schwimmbad, auf jeden Fall genauso schwer zu greifen. Geht es mir besser, wenn ich weiß, Helmut war verliebt? Merkwürdig, ich kann mir einfach nicht vorstellen, dass mein Mann sich in einer anderen Liebe verliert. Aber ich kann mir gut vorstellen, dass eine andere Frau es tut. Sie fange ich an zu hassen, gründlich und leidenschaftlich, und je mehr ich sie zur Supergeliebten erhöhe, desto mehr demontiere ich mich selbst. Was hasse ich mehr? Ihren supertollen Vollzug oder das danach? Ihren supertollen geilen Schoß oder seine zärtlichen Vertraulichkeiten anschließend? Die sich in den Tag hineinretteten und blieben. Die sich in seiner Erinnerung festsetzten und mit denen meine harmlosen Vertraulichkeiten nicht einmal konkurrieren konnten. Die einfach nur nett und lieb waren, aber nicht nach Möse schmeckten. Hat sie mir den Mann gestohlen, oder habe ich mir den Mann stehlen lassen? Ist er zu ihr gegangen, weil seine Ehe langweilig war, oder hat er erst bei ihr gemerkt, wie langweilig sie ist? Das ist der Kreis, der sich dreht und dreht und nicht aufhören will, sich immer schneller zu drehen. Die verfluchte Eifersucht ist kein klares Gefühl, logisch zu ordnen und dann Stück für Stück zu bewältigen, sondern eine alles verdrängende Polyphonie aus schrillen Tönen, merkwürdigen Pausen, theatralischen Akkorden. Unverständlich. Am Morgen ist die Eifersucht ein dumpfes Leiden, am Nachmittag blinder Hass, am Abend quälendes Selbstmitleid, in der Nacht ein Messer im Leib, und dazwischen ändert sie sich noch 17-mal. Nur im Kino gibt es reinigende Gewitter, und dann geht das Leben weiter, oder auch nicht. Dann kommt der Tod.

Was schmerzt am meisten? Der Betrug, die Verlustangst, der Vertrauensverlust, die demütigende Ungewissheit, was noch kommt, die aus dem Ruder gelaufene Phantasie? Wie lautet das beste Rezept? Die Wahrheit und nichts als die Wahrheit? Selbstbetrug? Arbeit und Ablenkung bis zum Umfallen? Rache? Und wenn ja, wie muss sie aussehen, damit Helmut sie ernsthaft spürt. Emotional? Indem ich mich entziehe? Das wird mir nicht gelingen. Verachtung? Wird auch nicht klappen. Materiell? Indem ich ihn ausplündere? Aber er hat ja nur seine Rente und die vielen Bücher. Mir fällt nichts ein. Weder am Morgen, noch am Nachmittag, geschweige denn in der Nacht.

Es gibt sicher eine Million psychoanalytische Studien über die Eifersucht und zwei Millionen Ratgeber. Aber ich habe keine Lust auf einen einzigen. Nicht einmal auf die Romane von Marcel Proust, Leo Tolstoi oder Ingeborg Bachmann. Ich bin keine Undine, die geht, und auch keine Anna Karenina, die sich vor den Zug wirft. Früher, 1968, galt die Eifersucht als bourgeoises Relikt der immer noch nicht ganz überwundenen ausbeuterischen Besitzverhältnisse. 1975 als narzistische Kränkung, die sich durch die Befreiung des Individuums erledigt. Solche Theoriefossile laufen immer noch herum. Bloß heute entschuldigen sie damit ihren eigenen Egoismus.

Vor zwei Jahren wurde ich vom Schwulebi-Referat der Universität Duisburg, der ASTA-Arbeitsgruppe Schwule, Bisexuelle und Lesben, zu einer Diskussionsveranstaltung über Homo-Ehe, Monogamie und Gleichberechtigung eingeladen. Sie hatten mich mit der taz-Chefredakteurin verwechselt, einer bekennenden Lesbe mit eigener Lesbenkolumne. Als ich am Telefon das Missverständnis aufklärte und bekannte, dass ich vor kurzem Silberhochzeit gefeiert hätte und die Monogamie für ganz prima hielte, fanden die Schwulebis das so schrill, dass sie mir gleich den Flug bezahlten und den Titel ihrer Veranstaltung abänderten: Wie pervers ist die Monogamie? In Duisburg schwärmte ich über die Entdeckung des bürgerlichen Glücks, über den Charme einer langen Ehe, und die 100 anwesenden Studenten und Studentinnen zeigten sich fassungslos über die extreme Spießigkeit, ausgerechnet von einer taz-Schreiberin. Mein Kontrahent, sein Coming-out wahrscheinlich erst ein halbes Jahr her, erklärte Begriffe wie Untreue, Seitensprung und Fremdgehen selbstbewusst für fies, wollte sie durch Spaß, Freude oder Liebe ersetzen. Als ich fragte, was an dieser so genannten alternativen Lebensform denn so toll sein solle, schmetterte er mir entgegen, dass erst zwei, drei, vier gleichberechtigte Beziehungsformen nebeneinander oder auch miteinander das Individium von der patriarchalischen und religiösen Unterdrückung befreien würden.

Hat mein Mann, während ich die Monogamie in den Ruhrpotthimmel redete, in Tübingen Spaß, Freude und Liebe gelebt? Ich quäle mich in den Selbsthass hinein, schütte ihn mit Rotwein zu, mache mir die aberwitzigsten Vorstellungen über seine Potenz und alle französischen Tricks, sie ständig zu genießen. Ich male mir die einzige Begegnung mit dieser Frau aus, ihr anzügliches Siezen, Helmuts anzügliches Versprechen: Ich komme bald. Ich stelle mir vor, wie erotisch die beiden dieses Spiel gefunden haben und wie aufgeheizt sie sich nach meiner Abfahrt im Bett gewälzt haben. In welchem? In ihrem oder in seinem, noch ehefrauwarmen? Das ist nicht so geil, also in ihrem! Wie klingt Helmut auf Französisch? Nicht wie im Deutschen nach Held, Mut, Heldenmut, sondern weich: 'eeeelmuuud. Ich habe ihn immer Hamu genannt, nie Liebster, Chéri, Darling, Petzibärchen oder so. Hat die kundige Landeskundlerin ihn Professorchen, Profilein gerufen? Schließlich hatte sie ihren Dekan zum Zurichten im Bett. Wie nett!

Und immer wieder stelle ich mir die allergrausamste Variante vor. Helmut hätte mir überhaupt nichts gesagt, und ich treffe bei seinen Freunden diese Frau mit ihrem vaterlosen Kind. Ihr Mut wird bewundert, ihr Geheimnis fasziniert. Jane Wells meets Rebecca West mit Anthony, dem heimlichen Sohn ihres Mannes. Das entzückende Babylein wird gestreichelt und geherzt, und ich sehe es auch an, und ich sehe Helmut in ihm. Seine großen Augen mit den langen Wimpern, seine dichten Haare, seine sinnliche Unterlippe, seine starken Augenbrauen, seine ausgeprägte Nase, seinen zu kurzen Hals. Es ist eine Szene, die absolut realistisch ist. Wenn ich aus Helmut das Geheimnis nicht herausgepresst und nicht in seinem Adressbuch gestöbert hätte, dann hätte es genauso kommen können. Vielleicht in diesem Jahr, vielleicht im nächsten, vielleicht im übernächsten. Ich wäre mit Sicherheit auf der Stelle gestorben. Das hat er in Kauf genommen. Dieser Mörder! Irgendwo habe ich gelesen, dass Männer, die im reifen Alter Kinder zeugen, sich verewigen wollen. Und dass ihnen das auch gelingt, denn diese spät gezeugten Kinder sollen ihren Vätern ungewöhnlich ähnlich sehen. Ich lasse meinen Bekanntenkreis Revue passieren und stelle fest: Es ist so. Diese Kinder sehen alle ihren Vätern ähnlich, obwohl nicht ein einziger von ihnen sich erst mit 55 Jahren verewigte.

Es sind lauter Wenn-dann-Vorstellungen, die mich in diesen helmutlosen Tagen ganz allmählich in eine Obsession treiben. Sie wird mich später wie eine Krake umfangen. Erst mit diesem Protokoll versuche ich ihr die Arme abzuhacken. Anfang Juni, drei Wochen danach, hatte mich das Gift noch nicht völlig im Griff. Es gab da noch den winzigen Trost: Helmut hat sich zu mir bekannt, die Frau ist nicht wichtig für ihn gewesen, das Kind mehr oder weniger ein Verkehrsunfall, auf jeden Fall wollte sie eins haben, denn ihre biologische Uhr tickte. Aber das Gift reichte, um mich vom Schreibtisch fernzuhalten, nicht eine einzige Zeile für das Buch auszudenken. Ich schaltete meinen Laptop an, und dann war Schluss. Statt Kapitelchen tippte ich Briefe in den Orkus, Briefe an Helmut, Briefe an meine Freundinnen, Briefe an meine Schwester, alles Briefe, die nie abgeschickt wurden und meine Festplatte zumüllten. Alle waren sie Hilferufe, alle ein verheultes Chaos, überall die Beschwörung: Helmut hat mich wie Abfall behandelt, aber er liebt mich, der unglückselige Dussel, und ich ihn auch, ich Idiotin, und ich will ihn trotz allem behalten. Aber ich weiß nicht, wie und was sein wird.

Ich lebte im Konjunktiv, hätte, sollte, würde, könnte, und wenn ich nicht eine Flugkarte nach Israel in der Tasche gehabt hätte, wäre ich im Rotwein ersoffen. Die Flasche für DM 14,98 von Reichelt. Die Israelreise mit Archivstudien im Diaspora-Museum und Gesprächen mit Shoah-Überlebenden aus Lettland war schon lange geplant, jetzt erhob ich sie zur therapeutischen Maßnahme. Für den Moment war sie es auch. Mit der Ankunft in Tel Aviv fiel ein gutes Stück des Tübingen-Berlin-Dramas von mir ab. Ich war noch lebendig, alleine dieses Gefühl reichte, um wieder in Schwung zu kommen.

Am Abend vor meinem Abflug hatte ich Helmut noch ein Fax geschickt, weil er zur gleichen Zeit nach Marseille wollte, um Vaterschaftsanerkennung und Alimente zu regeln. Das Fax war eine Miniversion eines vier Seiten langen Briefes über samtweiche Nächte, klatschende Wellen, glitzernde Sterne und über meine kontinentübergreifende Liebe, reduzierte sich aber auf die paar Sätze: *Ich will, dass Du mein Mann bleibst. Ein bisschen Kind, ein bisschen Kindsmutter, ein bisschen Ehefrau geht nicht. Wenn Du mich noch einmal heiraten willst, dann musst Du auf Vaterfreuden und Mutterliebe verzichten, das ist der Preis, den Du bezahlen musst, das ist der Preis, den ich verlange. Du kannst nicht eine Lösung finden, die alle schmerzt, nur Dich nicht. Die Entscheidung, das Kind zu wollen, hat sie alleine getroffen, sie wird gewusst haben, warum. Wenn Du Deine Beteuerungen, mit mir leben zu wollen, ernst meinst, dann endet Deine Beziehung zu der Kleinfamilie mit einem Dauerauftrag. Ich will kein halbes Ja zu mir, und auch kein 9/10. Ein ganzes Ja bedeutet: Keine Kindergeburtstage, keine Babysitterdienste, keine Ausflüge in den Schlosspark, nichts, was die Liebe oder Neugierde am Leben erhält. Das ist brutal, aber für mich – für uns – die einzige Chance. Wenn Du sie willst, ergreife sie.*

Einen Abend vor Israel habe ich Tacheles geredet, ohne zu wissen, dass die Schwangerschaft kein Zufall war, ohne im entferntesten zu ahnen, dass mein Mann dieses Kind sehr wohl wollte, wahrscheinlich sogar mehr als sie, dass das Ja zu dessen Leben gemeinsam entschieden und dann mit Rosen und Champagner gefeiert worden war, ihr wachsendes Kindchen neben dem Liebeslager stets im Blick.

Ich konnte Israel guten Tag sagen, weil er mich im Stand eines blinden und tauben Affen gehalten hatte, mir mit keinem einzigen Wörtchen andeutete, dass in seinem Tübinger Alltag viel Platz für Mutter und Kind gewesen war. Er hatte mich betrogen, aber dass er nahezu bigamistische Verhältnisse angestrebt hatte, wusste ich nicht.

In Israel hatte ich Helmut im Herzen, aber er schnürte es mir nicht mehr zu. Elf Tage lebte ich in dem schönsten Haus, in dem ich je zu Gast war, hundert Meter vom Meer entfernt. Alleine das Wohnzimmer mit seinen drei Etagen hatte 16 Fenster. Mit meiner Freundin saß ich unter Geranienbüschen, wir hörten die Wellen rauschen, redeten über x, y und z, bloß nicht über a und b, obwohl sie a seit 35 Jahren kannte und b ihr in diesen Tagen nahe stand. Ein einziges Mal habe ich meine Geschichte erzählt, und dies einem wildfremden Mann, genau deshalb, weil er wildfremd war und die Situation so literarisch.

Er ist ein Fischer, schwarz behaart bis zwischen die Zehen und sehr, sehr einsam. 19 Jahre lang war er in Holland verheiratet gewesen, drei Kinder hatte er mit ihr gezeugt, und dann eines Tages, aus heiterem Himmel, gerade zurückgekehrt von einem Dreiwochenfang in der Atlantik, gestand sie ihm, du, ich kenne einen anderen Mann, ich bin dir untreu gewesen, ich kann nicht von ihm lassen, bitte gib mir Zeit. Der Fischer gab ihr keine Zeit. Er packte seine Sachen, reichte die Scheidung ein und verließ Europa, um in das Land seiner Väter zurückzukehren. Da ist er nun, genau seit vier Monaten. Er nestelt ein Familienbild aus seinem Angelkasten, zeigt die Kinder und die Frau, reibt sich die Tränen aus den Augen und sagt, nie im Leben habe er eine Frau so geliebt wie sie, nie im Leben werde er eine Frau noch einmal so lieben wie sie. Sie ist mein Leben. Ohne sie bin ich tot. Ich bin tot. Und auch ich weine ein wenig mit dem Toten mit, obwohl ich denke, er ist ein blöder Sack, wie kann man so leicht die Löffel in den Sand werfen.

Als wir beide nicht mehr weinen, erzähle ich ihm mein trauriges Los. Mein Mann ist Vater des Kindes seiner Geliebten geworden, und das ist gerade erst drei Monate her. Er fragt mich, wie alt ich sei, und ich mache mich ein bisschen jünger, so alt wie die Geliebte, 46 Jahre, und er gerät in eine Hoffnung. Das sei, nicht zu spät, um selbst noch ein Kind zu haben. Wir beide, seltsam zusammengefügt durch ein ähnliches Schicksal, sollten uns zusammentun, am besten schon heute Abend. Er werde dann mit mir nach Berlin fahren, sich um unser Baby kümmern, gut kochen könne er auch, allerdings nur Fisch. Der Abschied ist freundlich, und ich schwimme hinaus in die Brandung, hinter mir liegt die alte römische Festung von Apolonia, und ich fühle mich gut. Richtig gut.

Am Strand in Herzlya Petuach, aufgeheizt durch die Sonne, die Haare blond und blonder werdend und die Haut immer dunkler, finde ich mich jede Minute schöner. Helmuts Schlampe, vielleicht noch mit säuerlich riechendem Mutterschaftsausfluss zwischen den Beinen und bräunlich geäderten Schwangerschaftsstreifen auf dem Bauch, kann einpacken. Sie kann mir nicht das Wasser reichen, französischer Akzent hin oder her. Meiner ist baltisch und selten. An ihren Brüsten hängt ein Säugling, was ist daran erotisch? Aber ich bin erotisch, ich bin schlank und habe keine Zellulitisdellen auf den Oberschenkeln, mein Mund hängt noch nicht, und der Hals ist noch halbwegs straff, wenn ich ihn gerade halte. Ich sehe aus wie 46 und nicht wie 54einhalb, und im Bett seufze ich wie ein ganzes Frauenorchester. Jedenfalls seit kurzem.

Ich finde mich wieder halbwegs akzeptabel, und als meine Freundin und ich auf den Markt von Nablus fahren, habe ich das Kind und alle damit zusammenhängenden Schwierigkeiten auf den Mond geschossen und die Eifersucht auf den Saturn. Ich genieße die Freundlichkeit der Palästinenser und ihre zuvorkommende Höflichkeit, bin begeistert von den Farben der Gemüse auf dem arabischen Markt und den Leckereien aus Kürbis oder Datteln, bin fast betäubt von den Gerüchen der Gewürze, angetörnt vom melodischen Singsang der Teeverkäufer und den Rufen der Muezzins. Im ältesten Teil von Nablus finden wir eine Gewürzhandlung, die aussieht, als stehe sie seit 2.000

Jahren. Safran in den unterschiedlichsten Gelb-, Orange-, Rottönen, Pfeffer von weiß bis schwarz, Anis gekörnt und gerieben, Nelken pulverisiert und als Blüten, und viele Säcke voll mit schwül duftenden Ingredienzien, deren Namen ich mir nie werde merken können.

Der Verkäufer im Kaftan, ein Bild von einem Mann, streut mir Körnerchen in die Handfläche, hält mir Blätterchen vor die Nase, und ich frage ihn, ob er auch Aphrodisiaka habe. Für Sie oder für Ihren Mann? fragt er nach einer Schrecksekunde, zum Essen oder zum Einreiben? Für mich, sage ich. Er nickt ernst und holt ein Buch heraus, es ist eine amerikanische Studie über Heilkräuter in der Medizin. Jetzt lache ich los, nein, nein, er habe mich missverstanden. Medizinisch sei alles in Ordnung. Ich möchte ein Aphrosdisiakum für einen schönen Abend, verstehen Sie? Damit mein Mann mich noch schöner findet. Endlich begreift er und fängt an, die Situation zu genießen. Eine mittelalterliche Deutsche braucht ein wenig Einführung in die Geheimnisse des Orients. In Englisch und von ihm, dem Palästinenser. Er kramt Döschen und Fläschchen hervor, verschwindet im Lager und kommt nach zehn Minuten mit einer Blechbüchse zurück, so zerbeult, als hätten die Engländer 1917 im Krieg gegen die Türken darauf geschossen. Das Kostbarste der Welt, sagt er, der Inhalt dieser Büchse sei eine halbe Million Dollar wert. Mit einer Pinzette holt er ein winziges Krümelchen hervor, irgendetwas Gelblich-braunes, und das Gelblich-braune verbreitet einen Duft, intensiver als all die Gewürze in den Säcken rundum. Amber, erklärt er, reines Amber, gewonnen aus dem Darminhalt des Wals, Urstoff aller Parfüms, heute nur noch künstlich herstellbar, von hoch bezahlten Chemikern im Labor. Ein Hauch von diesem echten Amber auf die Haut gerieben, werde meinen Mann zum König Salomon wachsen lassen: Du bist schön, meine Freundin, schön bist du und deine Augen Tauben, frisch gar ist unser Bett…

Das winzige Krümelchen kostet 15 Dollar, aber ich kaufe einen Block, so groß wie eine Sonderbriefmarke. Und ich kaufe auch noch ein paar Tropfen hoch konzentriertes Geranienöl, das Geheimrezept der arabischen Frauen. Ein Minitröpfchen davon in die Badewanne – aber bitte nur 37 Grad warm – oder auf der nassen, heißen Haut verteilt, werde mich zur begehrenswertesten Frau unter der Sonne machen. Beim Verabschieden fragt der Zauberer nach meinem Beruf. Ich übertreibe: Dichterin, und er sagt, dann wirkt es hundertprozentig.

In Deutschland ist es kalt und nass, aber ich fiebere Helmut entgegen. 39 Grad. Wir sind im Thüringischen verabredet, für zwei Nächte und zwei Tage, vom Herrn Professor herausgeschunden aus seinem übervollen Terminkalender. Wir kommen in dem Hotel fast gleichzeitig an, und ich erzähle ihm von meinen Archivfunden in den Akten der War Crime Commission und von den Zeitzeugen, die ich in Tel Aviv getroffen habe, und irgendwann dann auch von dem Amber und dem Geranienöl, alle Geheimnisse des Orients schmählichst verratend. Ich habe noch nichts auf die heiße Haut gerieben und werde trotzdem zur begehrenswertesten Frau unter der Sonne, und mein Mann zum König Salomon.

Er ist nicht in Marseille gewesen. Die Kindsmutter hatte ihm abgesagt, sie wolle ihn nicht sehen und am liebsten auch nach Tübingen nie mehr kommen. Ich frage, warum sie so hart reagiere, wenn ihr Verhältnis doch angeblich ein lockeres gewesen sei und das Kind ihre ureigenster Wille. Er meint, sie sei böse auf ihn, weil er mir das Kind zu früh gestanden habe. Wir plänkeln ein wenig hin und her – wieso zu früh? –, aber er beantwortet alle Fragen mit hm, hm, hm, und ich lasse mich beruhigen. Unsere neue Liebesleidenschaft vergleicht er mit einer kostbaren Glaskugel, die er nur mit Samthandschuhen anfassen kann, und ich bin zu dumm, um die Bildersprache zu kapieren. Auch viel zu verliebt. Als wir am nächsten Tag durch das Saaletal wandern, suchen wir ständig nach Plätzen, um uns hinzulegen, aber wir finden keine, oder es ist zu nass, oder der Hund meint, wir wollten mit ihm spielen.

Erst in Berlin wache ich wieder auf. Wieso verschließt er seine Beziehung zu dieser Frau wie Wertpapiere im Safe? Nur weil er mir das Geheimnis Kind zu früh verraten hat, kann sie doch nicht die Alimente in den Wind schießen wollen? So radikal ist nur meine polnische Putzfrau. Sie, 42 Jahre alt, wollte seit zehn Jahren nichts lieber als ein Kind. Dann fand sie einen gesunden und charmanten Schwängerer, einen verheirateten Mann, sagte danke schön, mehr will ich nicht, auf Nimmerwiedersehen. Ihre Tochter wurde beinahe zur gleichen Zeit wie Helmuts Sohn geboren. Er kannte die Geschichte. Also, was heißt hier zu früh? Wie lange wollte diese ekelhafte Intrigantin, diese abgefeimte Männerstehlerin – in Vitriol möge sie ersaufen – die heimliche Geliebte meines Mannes bleiben und dieser geile Bock der heimliche Vater? Gab es da doch Versprechungen, langfristig genug, um sie in Sicherheit zu wiegen? Ist es doch nicht das Kind der Frau und nur ihr Kind und ganz alleine? Ist es doch ein gemeinsames Babylein?

Ich will trotzdem das Sachbuch endlich weiterschreiben, im Saaletal hatte ich es Helmut versprochen und in seinen Armen auch wirklich gemeint, ich könne es. Es geht aber nicht. Seine Arme fehlen mir, seine Liebespropaganda; die ganze Helmut-Dröhnung verflüchtigt sich im Nu. Ich ordne meine teuren Fotokopien, jede 80 Cent wert, streiche wichtige Stellen mit dem gelben Marker an, bringe sogar ein Register zustande und ein paar Dankesbriefe nach Israel. Aber sobald ich meinen Computer mit der Diskette lade, entsteht Leere im Kopf. Die Leere wird besetzt mit Schlafzimmerbildern aus ihrer Liebeslaube.

Ich stelle mir vor, wie Helmut nach seinem langen, besprechungsintensiven und entscheidungsstarken Tag ein wenig Wärme sucht und bei dieser Frau viel davon findet. Wie sie die Kerzen auf dem Abendbrottisch entzündet, Salat à la Marseille vorbereitet hat und das Baguette in den Ofen schiebt. Wie sie ihm Rinderfilet mit Senfsauce und Estragon serviert, weil dies die Potenz stärkt. Wie sie am Kinderbettchen stehen und ein Gutennachtliedchen singen. Vielleicht Mozarts »Ich komme schon aus manchem Land«, das Helmut und ich mindestens zwei Jahre lang für Andreij zweistimmig intoniert haben. Wie sie das Kinderdeckchen schütteln und dem Babylein gerührt über das Köpfchen streichen. Wie mein Mann einen Kuss auf sein Stirnchen haucht und dann die Mutter nimmt. Rinderfiletstark. Wie er am Morgen das Baby ins Geliebtenbett trägt und sich von seiner heimlichen Zweitfamilie zärtlich verabschiedet. Für einen neuen besprechungsintensiven und entscheidungsstarken Tag. Und wie ich derweil seinen Anrufbeantworter vollquatsche, du, hier schneit, regnet, stürmt es, es riecht nach Frühling, die Sonne brennt, die Herbstblätter fallen, es schneit, regnet und stürmt, und der Hund hat Verdauungsschwierigkeiten.

Ich hasse mich, aber wenn Helmut anruft und mir von seinem besprechungsintensiven und entscheidungsstarken Tag erzählt, schmelze ich dahin wie Butter in der Pfanne. Du Armer, ach mein geliebter armer Hamu, wie gerne würde ich dir jetzt ein Rinderfilet mit Senfsauce braten, komm doch durch die Leitung geflitzt, ich liege auf dem Bett, und meine Muschi ist ein Schwimmbad. Aber in Erotic-talk ist mein Ovid-Experte schwach, mein Profilein ist besser in Aktion. Er hat einen Vorschlag. Nächstes Wochenende ist Universitätsball, er habe eine Ehrenkarte, ob ich nicht wolle.

Ich will, obwohl er in Tübingen stattfindet und ich genau eine Woche zuvor erklärt hatte, Tübingen sei vermintes Gelände, eine no go town. Das ist amerikanisch, das verstehe ich nicht, hatte er gesagt. Jetzt will ich in die no go town, mich damit rechtfertigend, dass die Stadt momentan sauber ist, die Frau ja noch in Marseille, wo sie hoffentlich bleibt, bis sie schwarz wird und das Kind Rententräger für algerische Muslime. Ich lasse mir zum ersten Mal in meinem Leben ein Kleid nach eigenen Wünschen machen, glutrot, ein Traum von hauchdünner, übereinander geschichteter Seide, grell, provokativ, gleichzeitig elegant und irrsinnig feminin. Zum Ball trage ich hochhackige Schuhe, jetzt bin ich ein Meter achzig groß und wahrlich nicht zu übersehen. Keine heimliche Landeskundlerin mit BAT 2 a und Mutterschaftsausfluss, sondern eine Königin, gefährlich und ohne Unterwäsche, in Begleitung von C 4 mit 125 Mark Dekanatszulage.

Es wird ein wunderbarer Ball, niemals war Tübingen schöner. Die Luft so knisternd wie kurz vor einem Gewitter, ein Feuerwerk vor dem Schloss, Rock, Jazz, Latino und Zwanziger-Jahre-Swing auf den Tanzböden. Du hast mir versprochen, mich im Park zu verführen, flüstere ich ihm ins Ohr, und wir verschwinden ins Dunkle. Wir küssen uns gierig zwischen zwei konkurrierenden Bands irgendwo hinter Büschen und Buchen und suchen. Ich schiebe seine Hand zwischen meine Schenkel, seine Finger wissen, was sie finden sollen, und ich nestele an seinem Reißverschluss, umfasse, streichele, knete, und er ist groß und fest, und ich lutsche, und dann machen wir es, und ich kippe fast aus den Stöckelschuhen, und kurz vor der Explosion sagt mein Geliebter, warte, bis wir im Bett sind. Wir sind erst morgens um fünf zwischen die Laken gerutscht, viel zu müde für ein Revival, aber diese Nacht war hinreißend gewesen, diese Nacht mit meinem Mann, mit dem ich seit 27 Jahren und sechs Monaten verheiratet bin, den ich 27 Jahre und sechs Monate unterschätzt habe wie er mich 27 Jahre und sechs Monate. Ich liebte ihn bis zum Verrücktwerden, weil er mein Mann war und ich seine Frau.

Ein Wochenende später fahre ich schon wieder nach Tübingen, und wieder wird es satt und gut. Wir kugeln auf dem Berg im Gras herum, kitzeln uns mit Blättern und Blumen, und unter uns liegt die Stadt. Ich teile ein wenig die Universitätsroutine, hier einen Vortrag, dort ein Gespräch mit den Doktoranden, ein wenig fotokopieren im Institut. Nachmittagsklatsch mit den Freunden und eine Unbedarftheit. Ich erzähle von dem Enkelkind und dass die Beinaheschwiegertochter schon ganz rund ist. Claire sah man die Schwangerschaft aber bis zum sechsten Monat nicht an, wendet sich die Kollegin-Freundin an Helmut, oder doch? Ich erstarre. Was weiß sie? Sie weiß nichts, aber der Stich hat gesessen. Der nächste folgt auf dem Weg zum Bahnhof. In Helmuts Briefkasten liegt Post aus Marseille. Er versucht den Umschlag in die Reklamesendungen zu schieben, und als ich ihn darauf anspreche, macht er runde Augen und fragt: Was, Post aus Marseille? Wirklich?

Im Nachhinein glaube ich, dass dieser Besuch in Tübingen der eine Besuch zu viel war. Die lächerliche Bemerkung der Kollegin-Freundin fraß sich in meinen Leib, löste einen Wundbrand aus, der immer noch nicht geheilt ist, der sich immer wieder neu entzündet. Stimmt: Die Frau hat ihre Schwangerschaft in Tübingen erlebt, war nur zur Geburt nach Marseille geflogen. Und Helmut hat diese Schwangerschaft in Tübingen begleitet. Die ganzen langen neun Monate lang, so wie er neun Monate meine Schwangerschaft mit Andreij begleitet hatte. Er hat das intimste Erlebnis mit einer Frau geteilt, das man nur haben kann. Mit der Mutter seines Sohnes, mit seiner Geliebten. Und gleich danach ist er zu ihr gefahren, die Geburt zu feiern, und drei Wochen später noch einmal, weil es so schön war und der Säugling so niedlich.

Bilder. Wenn er von seinen freundlichen Wochenendausflügen aus Berlin nach Tübingen zurückkehrte, ging er zu dieser Frau, streichelte ihren Bauch, tröstete ihre morgendliche Übelkeit weg, brachte ihr die Leckereien mit, die sie mochte, ließ sich über alle medizinischen Untersuchungen berichten, guckte die Ultraschallbilder an, freute sich über die positiven Fruchtwasserergebnisse, wusste sehr früh, dass das Kind ein Sohn wird, suchte vielleicht auch den Namen mit aus, sah und fühlte sie rund und runder werden und ihren Busen prall, tastete den ersten Stramplern hinterher, kraulte ihre Muschi, das Tor seines Sohnes in die große, weite Welt. Hat er den winzigen, winzigen Fötus willkommen geheißen? Willkommen in seinem Leben? Um die Midlife-Crisis abzufedern, oder aus Liebe? Hat er sich jung gefreut, während ich nichts ahnte, nicht das Aller-, allermindeste, und auch auch nichts ahnen sollte.

Diese neue Eifersucht war kein langsames Wachsen, kein Gekreise ohne Anfang und Ende, sondern grausam konkret und beständig. Ich konnte sie in den folgenden Wochen nicht eine einzige Minute lang abschütteln. Die Schwangere und Helmuts Hände auf ihrem Bauch. Das war schlimmer als die obszönsten Phantasien über multiple Orgasmen, Dauererektionen und Rinderfilet mit Senfsauce.

Ich steigerte mich in eine Hysterie hinein. Nur weil der Hund Gassi musste, blieb ich nicht den ganzen Tag im Bett. Ich war unfähig, auch nur zwei Minuten am Computer zu sitzen, nicht einmal mehr zu Briefen in den Orkus reichte es. Ich lag abendelang vor dem Fernseher, aber es flimmerte nur und rauschte. Ich konnte nicht einmal mehr Zeitung lesen. Es war die Zeit, in der ich meine Rotweinvorräte in den Ausguss schüttete, weil ich mit meinem Restverstand wusste, ich kippe um. Ich konnte kaum mehr essen, und auf meinem Hals, im Nacken und hinter den Ohren begannen die Psychopickel zu blühen.

Helmut und ich telefonierten oft miteinander, ich versuchte mich zu beherrschen, meistens gelang es mir, meine Obsessionen waren mir ja selbst peinlich. In dieser schlimmen Zeit sahen wir uns wenig, zumindest kommt es mir heute so vor. Das Sommersemester ist immer kurz und übervoll mit Terminen, ich war und bin immer noch eine verständnisvolle Professorengattin.

Unsere Treffen sind wie Begegnungen auf einem fernen Stern. Ich spüre sein Begehren, nach Wahlpropaganda fühlt es sich nicht an. Er hatte ihr seine Hände auf den Bauch gelegt, aber ertragen kann ich dies nur, wenn er bei mir ist. Wenn er weit weg ist von allem, was mir Tübingen so widerlich macht. Nur in Berlin liegen seine Hände auf meinem und nicht auf ihrem Bauch. Wir träumen uns in den bevorstehenden Mühlensommer in Umbrien hinein, mindestens vier Wochen Auszeit auf der Venus. Vor hundert Jahren hatte mir sein ruhiges Mitleid über die Valiumsucht geholfen, diesmal wird er mich von meinen Phantasien heilen, ein zärtlicher Schwangerschaftsbegleiter gewesen zu sein.

Ab und zu verstricken wir uns in Auseinandersetzungen, aber dann umarmen wir uns und immer wieder noch einmal, ersaufen in Küssen und Liebesversprechen. Atemholen, Vergewisserung. Erotische Abenteuer, auch die. Wir liegen am Wannseestrand, die Nacht ist heiß. Um uns herum Paare mit Teelichtern im Sand. Wir haben nur ein Laken. Wir zwängen uns ineinander, Schambein an Schambein. Hauchzartes Reiben. Keine zwei Meter von uns entfernt schwärmt ein mauerfallgeschädigter Berliner von den tollen alten Zeiten. Da hätten die Leute hier wie verrückt gevögelt. Aus und vorbei! Alles Spießer! Im Auto stinkt es nach Sperma. Als ob halb Berlin unseren unverschlossenen Golf benutzt hat. Irgendwann fällt uns ein, im Kofferraum liegt ein Sack mit getrocknetem Pansen für den Hund. Wir denken nur noch an Sex. Wir riechen nur noch Sex. Wir sehen nur noch Sex. Gelächter. Dann wieder Abstürze. Es sind nur kleine, wenn er neben mir liegt.

Warum? Warum? Weshalb? Wieso ein Kind? Wolltest du das Kind und wenn ja, wie sehr? Er beantwortet die Fragen nicht, sondern wirft mir vor, ich würde wie eine Staatsanwältin fragen und jede einzelne Antwort nur deshalb hören wollen, um sie gegen ihn verwenden zu können. Er sagt, er fühle sich wie ein Angeklagter, und warnt mich: Du zerstörst dich selbst und mich ebenfalls. Du benimmst dich, als ob du mich loswerden willst. Er erinnert mich an die Geschichte einer 68-jährigen Frau, die ich ihm einmal erzählt hatte. Diese Frau ließ sich nach 35 Jahren Ehe scheiden und als ich sie entsetzt bedauerte, antwortete sie: Wieso bedauern? Ich habe ihn noch nie leiden können. Dazu gibt es einen Ehewitz. Ein Paar, beide über neunzig, will sich scheiden lassen. Der Richter fragt: Wieso jetzt? Wieso nicht, sagen beide, jetzt wo die Kinder tot sind.

Helmut hat in diesen Wochen gewusst, dass ich aus der Zeit gefallen war, aber wie radikal, wusste er nicht. Er meinte, dass ich mich in mein Unglück hineinsteigere, weil ich mit meinem Buch nicht vorankäme. Er ahnte nicht, dass ich dieses Argument tatsächlich heimlich gegen ihn wendete. Ich nahm ihm übel, dass er funktionierte, ich aber nicht. Er hat in diesem Sommersemester nicht eine einzige Vorlesung vergeigt, nicht einen Vortrag verhauen, nicht eine Sprechstunde vergessen, hat vermutlich nicht eine Konferenz dilettantisch geleitet, nicht einen einzigen Dekanats-, Fakultäts- oder Institutstermin verschlampt, alle Prüfungen solide abgenommen, Zeitungsartikel verfasst, Habilitationsverfahren durchgezogen, Promotionen abgenommen und Stellenbesetzungsverfahren betreut. Er hat unzählige Vorstandssitzungen von diesem und jenem Verband besucht und Ideen für neue Projekte entwickelt. Er ist nach Bonn und Stuttgart gefahren, um mit den Kultusbürokraten über irgendwas zu verhandeln, und immer hat er funktioniert wie die Funkuhr in unserer Küche. Er funktioniert immer noch so. Nur manchmal hat er Schnupfen.

Was geht ihm eigentlich unter die Haut, fragte ich mich und frage es manchmal immer noch. Wieso kann er sein so genanntes Privatleben so verdammt gut von seinem Arbeitsleben trennen? Er plustert sich auf, sträubt alle Federn wie ein Pfau, und ich fühle mich gerupft wie die Gans im Frühling.

Du hast mich gezwungen, Arbeit und Familie zu trennen, mich aufzuspalten, antwortet er. Schon vor zwanzig Jahren. Während er als Wanderprofessor in Westdeutschland auf Zeitstellen herumtingelte, saß ich satt und bequem in Berlin. Wenn er nach stundenlangen Zugfahrten nach Hause kam, zeigte ich mich irritiert über den fremden Mann im Badezimmer. Nachdem er endlich, endlich in Kiel seine erste Festanstellung erhalten und eine Wohnung für seine Familie gefunden hatte, verließ ich sie nach einem Jahr mit Sack und Pack. Mit dem tollen Spruch, dies sei eine Entscheidung für mich, keine gegen ihn. Als er nach Tübingen ging, stellte ich meine Besuche bei ihm fast völlig ein. Der Bummelzug brauche zu lange, die Billigflüge seien ständig ausgebucht, und die Hauptstadt sei viel zu interessant, um sie auch nur drei Tage verlassen zu können, und Kurzbesuche würden sich sowieso nicht lohnen, tausendmal erklärt. Während all dieser langen te er nie aufgehört mich zu lieben, ich ihn aber gewiesen. Die Frau mit ihrem Kind ist nicht die ...eit unserer Ehe, sie sind ein Symptom, sagt er, du hast Symptome nie sehen wollen, und ich habe sie wegfinassiert.

Meine Neigung zum diplomatischen Finassieren, sie mag von Natur und Erziehung her angelegt sein, hat sich über die Jahre meines Pendlerlebens zur Lebensform ausgebildet, hat er mir in diesen Tagen unserer vielen Auseinandersetzungen geschrieben. *Charakterschwäche. Mag sein. Du kannst darüber den Stab brechen. Dann bricht vermutlich unsere Beziehung mit. In meinem Herzen war immer ein Loch. Inzwischen ist es mit einer Filzwand abgedeckt, aber im Grunde ist es immer noch da. Ich habe es immer gewusst und artistisch, masochistisch damit herumgespielt. Ein leicht kitschiger Strophenfetzen von Ricarda Huch war mir immer im Kopf und auf Abruf bereit. »Der Frühling kommt wieder mit Wärme und Helle,/die Welt wird ein Blütenmeer./Aber in meinem Herzen ist eine Stelle,/da blüht nichts mehr.« Da ist das Herz aus Stein, ein Dumpfbeutel. Es gefällt mir selbst nicht, ist mir selbst unheimlich, aber ich muss mich damit arrangieren. Wenigstens kann es auch Kälte ab.*

Es sind solche Sätze, um derentwillen ich bis an mein Lebensende mit ihm verbunden bleiben will. Wie kann ich einen Mann auch nur eine Minute hassen oder gar verachten, den ich in meinem tiefsten Unglück verstehen kann? Zumindest die Affäre, sogar eine klitzekleine emotionale Verirrung. Ich möchte ihn trösten, alles wieder gutmachen, ihm alles geben, was er in seinem Pendlerleben vermissen musste. Ich möchte das Loch in seinem Herzen stopfen. Was für eine Egoistin bin ich bloß gewesen. Was für eine miserable Ehefrau. Was für eine blinde Ignorantin. Was für eine ausgetrocknete Geliebte. Jetzt ertrinke ich im Herzeleid und weine nach dem Blütenmeer. Hamu, mein begehrenswerter Mann, ich liebe dich, habe dich immer geliebt, wollte immer über den Schatten springen, wieso hast du das nicht gemerkt und mir nicht geholfen? Unter der Asche war doch so viel Glut, warum hast du nie gepustet? Ist es möglich mit 54 und 55 Jahren, nach 27einhalb Ehejahren noch einmal anzufangen? Können wir unsere Ehe wieder heil machen, bloß weil wir es wollen, oder sind das schon wieder trügerische Wunschbilder, mit denen wir morgen auf die Nase fallen? Nein, nein, es muss, muss, muss, es wird möglich sein! Die Literatur irrt, Tomasi di Lampedusa irrt. Ehe und Liebe schließen sich nicht gegenseitig aus. Zärtliche und leidenschaftliche Liebe gibt es auch in der Ehe. Sie hat keinen Glanz, ich weiß, nur der Ehebruch ist beschreibenswert. Hamu, mein Geliebter, auch die Ehe kann ein großes Glück sein. Love me tender, love me true, tell me you are mine und verschieb die Altersimpotenz auf das Jahr 2099. Begehre mich mindestens so stark wie früher deine verfluchte Schlampe. Ich kaufe mir auch Strumpfbänder und schmier mir Amber auf die Scham.

So denke ich in diesen Achterbahntagen an den Nachmittagen, aber in der Nacht schwärzt sich alles zu. Andere haben dich gehalten, deine Lippen satt geküsst, ich weiß nicht wie viele, aber ich rechne auf. Beziehungsbuchhaltung. Dein Konto ist voll. Es ist nicht wahr, dass ich an deiner gespaltenen Existenz alleine schuld bin. Wie hättest du das Wanderleben mit Frau und schulpflichtigem Kind führen können? Als ich nach Kiel kam, obwohl ich absolut nicht wollte, erfuhr ich schon nach zwei Wochen, dass du bis zu meiner Ankunft eine Geliebte hattest. Eine eindrucksvolle Frau, die einzige, von der ich mir vorstellen konnte, dass sie mich aus deinem Leben verdrängt. Nicht du hast mir von eurer Liebe und eurem Verzicht erzählt, sondern sie hat es getan, und ich habe darüber geschwiegen. Wir haben uns so viele Dinge nie gesagt.

Ich habe mich im ungeliebten Kiel auf eine Stelle beworben und bin auf dem zweiten Platz gelandet. Auch weil du ein Einkommen hattest, mein Konkurrent aber Frau und Kinder versorgen musste. Als das Angebot aus Berlin kam, musste ich zugreifen, auch weil wir sonst unsere schöne Altbauwohnung verloren hätten. Ich kam gerade noch rechtzeitig, um das vom Vermieter eingeleitete Kündigungsverfahren wegen illegaler Untervermietung niederzuschlagen. Du weißt das. Du wolltest selbst nie auf Berlin verzichten. Ich war gegen deinen Wechsel nach Tübingen, nicht weil Tübingen Provinz ist, sondern weil ich wusste, diese Berufung wird dich auffressen, ist eine Entscheidung gegen die Familie. Ich habe nach einer Weile meine Vollzeitstelle auf eine Dreiviertelstelle reduziert, damit wir uns oft sehen konnten. Wir haben uns oft gesehen und manchmal miteinander geschlafen. In Tübingen mehr als in Berlin. Hast du das vergessen? Viel zu wenig. Du hast Recht. Und auch nicht so aufregend wie mit deiner Schneckenfresserin. Oder mag sie lieber Froschschenkel? Aber ich, mit deinem Ehejochgepäck auf dem Buckel, habe nicht auf dir gesessen, als du deinen Samen in die Frau hineingestoßen hast. Du bist ein Egoist. Du willst nie für dein Leben selbst verantwortlich sein. Schatten haben immer nur andere geworfen, nie du. Auch du bist ein miserabler Ehepartner, schlechter Liebhaber und blinder Ignorant, weil du dich immer nur als Opfer der Verhältnisse siehst und deshalb nichts ändern kannst.

Es gibt nie nur eine Geschichte, sondern immer viele. Je nachdem, wer sie erzählt. Seine Geschichte klingt anders als meine, und um sieben Uhr morgens klingen beide anders als um neun Uhr abends. Wer liebt, hat Recht, heißt es. Er hat Recht. Ich habe Recht. Er ist ungerecht. Ich bin ungerecht. Warum vergisst er, dass ich ihn über Jahre drängte, eine größere Wohnung zu suchen, damit ich auch ein Plätzchen habe? Ein Umzug sei ihm zu kompliziert, hat er immer gesagt und das Angebot in Tübingen mies und teuer. Anfang des Jahres bat ich die Sekretärinnen und alle Freunde von Helmut um Unterstützung. Die Wohnungen, die wir uns dann gemeinsam ansahen, die letzte einen Tag vor unserem Osterurlaub, wenige Tage vor ihrer Niederkunft, konnte man alle nur ablehnen. Zu dunkel, zu teuer, zu weit vom Bäcker und so weiter.

Gescheiterte Wohnungssuche? Mindestens zweieinhalb Jahre lang, zuletzt einen Tag vor der Italienreise? Helmut wollte mich nicht in Tübingen haben. Er hat meine Affinität zu Berlin in einen arroganten Hauptstadtfimmel umgedeutet. Weil es ihm in den Kram passte. Damit er Opfer der Verhältnisse blieb. So wird es gewesen sein. So kann es nur gewesen sein. Wie kann er seine Ehefrau in ein neues Nestchen legen, wenn er ein paar hundert Meter entfernt schon ein kuschliges mit seiner Geliebten besitzt. Die sein Loch im Herzen füllt und er ihr verdammtes. Die sein Kind im Bauch trägt und später den Kinderwagen durch Tübingen schieben wird. Helmut hat sein loses Verhältnis nicht nur ab und zu mal besucht, wenn ihn der Trieb überfiel, sondern er hat ein Doppelleben geführt. Ein prima Doppelleben, mit allem, was dazugehört. Eine Ehefrau für die Fassade und für das Hauptstadtgefühl in Berlin, und eine Geliebte für das süße Tralala in Tübingen. Eine Ehefrau, ganz in der Nähe der Geliebten, hätte das gut organisierte Arrangement gestört. Die Mutter seines Kindes ist die Freundin seiner Freunde. Wie hätte er seine Freunde zu Käse und Wein bitten können, sie aber nie? Oder doch? Hätte er? War ihr Verhältnis so stabil, dass es sogar eine präsente Ehefrau hätte ertragen können? Wer liebt, hat Recht. Ich habe Recht. Er hat mit Absicht nie eine Wohnung gefunden. Die letzte, die er mir zeigte, lag fünfzig Meter von ihrer entfernt.

Ich stürze wieder in den Abgrund. Jeden Tag aufs Neue. Finde wenig Schlaf, bin übersensibilisiert. Vielleicht auch ein wenig wahnsinnig. Jedenfalls, im Wahn. Ich stelle mir vor, wie Helmut und ich eine Wohnung in Tübingen bezogen hätten und er dreimal die Woche um zwei Uhr nachts nach Hause gekommen wäre. Ach, die Termine, mein süßes Susilein. Und im Badezimmer hätte er sich den Schwanz gewaschen. Das machen eine Million Männer pro Nacht so, das ist eklige Normalität. Mein Mann ist ein normaler Mann. Oder ist er ein besonders rücksichtsvoller? Der in Tübingen keine Wohnung mit mir teilen wollte, weil er sich nachts um zwei den Schwanz nicht waschen mochte. Oder ist er nur ein kluger Stratege? Einer, der seine Heimlichkeit behalten wollte, weil alles so hübsch eingerichtet war? Warum sollte er dies aufs Spiel setzen. Die Ehefrau ist interessant, leider kalt, auf jeden Fall weit weg. Die Geliebte ist charmant, Gott sei Dank heiß wie fünf Hündinnen und wohnt um die Ecke.

Helmut wollte sein zweigeteiltes Leben bis zum Rentenalter führen, mit Sicherheit noch eine ganze Weile. Sein supertoller Sex mit der multiplen Organistin war ihm wichtiger, als mein angeblich nicht vorhandener. Die niemals gefundene Wohnung ist der Beweis. Ich winde mich in sein Doppelleben hinein, und je mehr ich dies tue, desto mehr kristallisiert sich der einzig wichtige Punkt heraus. Der eigentliche Schmerzpunkt. Der aller-, allerempfindlichste Punkt. Der Punkt, den ich nie in meinem Leben verstehen werde, ganz gleich, was er mir bis heute erzählt und was er mir in Zukunft vielleicht noch erzählen wird. Ich merke, dass ich ihm die Existenz einer Geliebten im Grunde verziehen habe, dass die sexuelle Eifersucht verschwindet, obwohl die Frau bestimmt zweimal pro Woche ihren Orgasmus hatte und ich in meinem Leben bisher keinen einzigen. Jedenfalls keinen Beate-Uhse-mäßigen. Verhältnisse kommen und gehen, Lust entsteht und vergeht, denke ich, aber das Spielentscheidende einer Ehe sind die selbstverständlichen Vertraulichkeiten, das Vertrauen, die Verlässlichkeit, kurz die lang gewachsene Intimität. Und diese Intimität, diese selbstverständliche Vertraulichkeit, viel wichtiger als ein erhitzter Beischlaf, weil sie nicht jeden Tag in Frage gestellt wird und Konjunkturen überlebten, hat er aufs Spiel gesetzt. Er hat unsere Ehe auf eine soziale Veranstaltung reduziert, die er am Wochenende mal genießen kann und in der Woche vergessen. Er hat sich auf mich nicht eingelassen, er hat das Vertrauen nicht strapaziert, nicht einmal getestet, die Verlässlichkeit in den Wind geschossen. So geht man nur mit Altlasten um, oder man ist ein Partyhengst, der immer auf dem Sprung sein will. Er hat meine Bindung an ihn unterschätzt und mit seiner gespielt. Entweder hat er sich nie verheiratet gefühlt, dann sind seine Erklärungen sowieso Schrott, oder unsere Ehe ist ein Schrotthaufen! Dann ist unsere Ehe, wie jahrhundertelang immer wieder in der Literatur beschrieben, nur eine juristische Übereinkunft gewesen. Freundlich, aber für ihn vor allem eine prima Allianz-Versicherung gegen weiterreichende Ansprüche von Dritten. Unsere Ehe schenkte ihm alle Freiheit, wie paradox, wie schrecklich aufgeklärt, was für ein Missverständnis. Ich habe es nicht gewusst. Ich bin so furchtbar dumm. Ich habe es nicht einmal geahnt. Das Vertrauen war einseitig, seine Intimität und Verlässlichkeit meine Lebenslüge. Er hat mich elementar betrogen. Den ganzen Menschen, nicht nur die Frau. Betrogene Ehefrauen sind entweder klug, schweigen und üben Rache, oder sind lächerlich. Ich bin lächerlich. Weil ich herumwühle, anstatt das Nudelholz zu holen. Oder ein Papiertiger, weil ich ihn nicht umbringe, wie Ingrid Noll es in all ihren Romanen so nett empfiehlt. Weil ich alles in Frage stelle, und alles mit allem verknüpfe und mich immer tiefer in den Sumpf ziehe, weil ich nervend, anstrengend, hysterisch, sexuell kompliziert bin.

Warum ist er, als die Frau ihm die Schwangerschaft gestand, nicht schwankend geworden? Warum hat er dieser Frau nicht gesagt: Chérie, wenn du dieses Kind willst, dann soll es kommen, aber es muss dein eigener Wille sein. Nur deiner. Ich kann diese Schwangerschaft nicht begleiten, ich kann nicht mit Maja verheiratet bleiben wollen, mit dir aber ein Baby haben. Die Geschichte ist mir über den Kopf gewachsen, das Kind ist ein paar Nummern zu groß für unser Verhältnis. Ich werde die Vaterschaft nicht abstreiten, aber das Kind zwingt mich in eine Entscheidung hinein. Ich entscheide mich für Maja und damit gegen dich und das Kind. Ich werde es Maja sagen. Morgen. Das bin ich ihr schuldig, denn ich liebe und achte sie.

Ich habe tausende Male überlegt, warum er dies nicht getan hat. Ich wusste in diesem Sommer noch nicht, dass er an dem Schwangerschaftseröffnungsabend keine einzige Sekunde an mich gedacht und später, als ihm seine Ehe wieder einfiel, nicht das allergeringste schlechte Gewissen gehabt hat. Weil er glücklich war, dass die Besamung endlich geklappt hatte.

War seine Zuwendung zu ihr und dem künftigen Baby in Wahrheit so groß, dass ihm weder an diesem Tag, noch in den nächsten Wochen, Monaten nach der Geburt, irgendwelche Zweifel über seinen Vertrauensbruch in den Verstand kriechen konnten? Dass er nicht einmal ahnte, dass es einer ist? Ist er nie schwankend geworden, weil sie ihn brauchte und ich angeblich nicht? In der Hitze des Gefechts gibt es keine Zweifel, mag sein, aber wie ist es am nächsten Morgen, am übernächsten? Wie kann man sich jeden Tag vor dem Spiegel begegnen und niemals ins Staunen über sich selbst geraten? Wie ist es möglich, so sehr mit sich im Reinen zu sein? So ohne Skrupel und ohne

Scham. So skrupellos. So schamlos. Er war mit sich zufrieden! Er ist es gewesen, er hat keine Fehler gemacht. Dann muss er sie doch geliebt haben, oder mich nicht wirklich, oder nur sich selbst. Hat er sie geliebt, weil sie ihn liebte? Und ist sie etwa gar nicht so emanzipiert, wie ich einmal dachte, sondern meinem Mann hörig? Hat sie alles geschluckt, aber auch alles, nur um nicht ohne ihn sein zu müssen? Sie muss ihm sehr vertraut haben, dessen war ich mir allmählich sicher. Sie hat sich verlassen auf das, was sie sah, fühlte und hörte. Warum auch nicht? Verheiratet ist er schon die ganze Liebschaft über gewesen, diese Kleinigkeit hatte bisher nie gestört. Zumal der Ehemann eine Josephsehe geführt und ihr das nicht verschwiegen hat. Auch dies ist ein Vertrauensbruch, ein wenig auch gelogen und eine Plattitüde obendrein. Gehört auf jeden Fall zum Standardvokabular in jedem schlechten Verführungsfilm. Chérie-Lucie, ich bin dir ja so dankbar, meine Frau schätzt meine Qualitäten nicht. Mausilein, du machst mich glücklich, erst bei dir fühle ich mich wie ein richtiger Mann. Schatzi-Matzi, möge unser Glück nie enden, aufrecht wie es ist. Also ist die Ehe eine Formalität, wird Chérie-Lucie, Mausilein, Schatzi-Matzi sich gedacht haben. Konvention. Oder libertär und modern. Vielleicht auch ein Übergangsstadium. Hoffentlich. Allein die Gegenwart zählt. Und die sprach für sie. Jeden Tag in Tübingen neu und jeden Tag intensiver.

Später, als ich vieles wusste, habe ich mit meiner Freundin Gabriele geredet. Sie ist eine Geliebten-Expertin. Der Mann, den sie seit vier Jahren leidenschaftlich, dramatisch und zutiefst will, ist ein russischer Großschriftsteller und ein berühmtes Schwein, wenn auch ein reizendes. Er hat ihr hunderte Male gesagt, dass er seit 25 Jahren verheiratet sei und dazu noch eine Geliebte in Moskau habe, dass sie in seiner Zukunft nicht vorkomme und sie zudem das

Letzte sei. Sie ist trotzdem mit ihm und immer wieder durch die halbe Welt gereist, hat um ihn gekämpft, hat verloren, wieder gekämpft, wieder verloren, ist dutzende Male zusammengebrochen, hat mit ihm zusammen ein Buch geschrieben, ist von ihm verraten und beleidigt worden und in ihrer Liebe fest geblieben. Sie wankte und schwankte, aber dieser Mann ist ihre Kopf- und Libido-Lebensentscheidung. Sie richtete sich wieder auf, weil es genug Signale für seine Verbundenheit gab und sie diese als eigenen Wert interpretierte. Sie hat es hingenommen, dass er sich von seiner Frau trennte, um am gleichen Tag zu seiner jungen Geliebten zu ziehen. Sie hat immer und alles hingenommen, aber ihren Stolz konnte er irgendwann nicht mehr brechen. Sie wird nie aufhören, um ihn zu kämpfen, und er wird nie von ihr lassen.

Gabriele, die Expertin für das Geliebtenwesen, hat mir erklärt, wie Geliebte denken. Wie sie Zeichen deuten, sich je nach momentaner Befindlichkeit gut oder schlecht mit den Verhältnissen arrangieren, wie sie morgens sagen, es ist alles Scheiße, aber am Abend sich jedes Wörtchen schönreden. Wie sie jede Andeutung in ihre Fasson einpassen. Wie sie hören, was sie hören wollen. Wie sie glauben, was sie glauben wollen. Wie sie nach Signalen dürsten und Indizien zu Beweisen erheben. Wie sehr allein die Gegenwart gilt, einzig und allein das Jetzt und Heute. Wie sie andere Realitäten verleugnen wollen und verleugnen müssen, und um diese, die wahre Realität auszuhalten, permanent Liebesproben inszenieren. Wie sie nach Belegen für die Liebe des anderen suchen. Wie sie immer welche finden. Immer. Ein Kind, sagt Gabriele, Helmuts Freude und ein Goldring an ihrem Finger, das alles ist ein viel größeres Versprechen für die Gegenwart als seine abstrakte Fernehe in Berlin. Ganz gleich, was er ihr darüber erzählt haben mag, ganz gleich, ob er sie aufrechterhalten will oder Entscheidungen verschiebt. Die Geliebte wusste, dass ich nichts wusste, und auch, dass Helmut nicht vorhatte, mich etwas wissen zu lassen. Das reicht! Voll und ganz. Das ist wie ein heimlicher Ehevertrag. Das ist ein riesengroßes Liebesversprechen. Wer liebt, hat Recht! Sie hatte Recht. Ich verstehe diese Frau sehr gut, sagt die Expertin für das Geliebtenwesen und weint mit mir.

Später, als sie gegangen war, las ich Max Frisch, auch ein Experte in Liebesdingen. Er zitiert das Chanson von Georges Brassens, la non-demande en mariage, eine Hommage auf den Nicht-Heiratsantrag. Auch auf Zeit angelegte Verhältnisse brauchen ihre Verträge, ihre Schwüre, so paradox dies auch klingen mag. Liebling, kannst du dir vorstellen, mich nicht heiraten zu wollen, heißt es auch am Ende des britischen Films »Vier Hochzeiten und ein Todesfall«. Ein Kind, variiere ich Film und Lektüre, ist ein lebenslanges Abkommen. Heimlichkeit hin oder her. Helmuts Freude und seine Absicht, mich im Unwissen zu lassen, damit die Gegenwart schön bleibt, ist ein Nicht-Heiratsantrag gewesen. Die Literatur lebt davon, dass Bündnisse neben der Ehe geschlossen werden.

Ich habe hunderte Male überlegt, was ich getan hätte, wenn er mir von der Frau, dem Kind, und seiner Entscheidung für mich und gegen sie rechtzeitig, nämlich damals, berichtet hätte. Wenn er mit ihr kein außereheliches Bündnis geschlossen hätte. Wenn er mir und unserem großen unausgesprochenen Willen, alle Konflikte gemeinsam zu bewältigen, getraut hätte. Wenn er mir vertraut hätte, zum ersten Mal in unserer Ehe ernsthaft vertraut. Ich hätte gebrüllt und getobt, geheult und gedroht, mein Ego wäre im Keller gewesen, genau wie im Mai, als er mir gestand, Vater eines Kindes in Marseille zu sein. Natürlich. Aber heute weiß ich, dass ich dieses Kind nach dem großen Sturm hätte annehmen, Helmuts Sohn vielleicht sogar in mein Leben hätte integrieren können. Als Frucht einer Affäre, für die das arme Kind nichts konnte. Aus Dankbarkeit, weil Helmut umgekehrt wäre. Zu mir. Weil ich sein Vertrauen nicht hätte bestrafen können. Weil das Kind unschuldig gewesen wäre und keine Fessel in einem heimlichen Verhältnis. Weil es in unsere Ehe hineingewachsen wäre und nicht neben unserer Ehe groß werden sollte. Ich hätte es annehmen können, weil Helmut mich nicht existenziell beleidigt hätte, weil er gerade noch rechtzeitig eine autonome Entscheidung getroffen hätte. Keine von mir abgepresste. Viele der späteren Probleme in Tübingen, die ich mit meiner radikalen Ablehnung seiner Vaterschaft mit provoziert habe, wären nicht entstanden, wenn Helmut rechtzeitig – im Spätsommer 1998 – reinen Tisch gemacht hätte. Vor allem hätte sich nicht das Gefühl verfestigt, mit dem ich so schwer leben kann: Mein Mann hat mich verraten, mich an die Wand gestellt wie einen überflüssigen Besen. Seit Beginn der Schwangerschaft jeden Tag aufs Neue. Durch tägliche Zuwendung für die Frau, durch tägliches Verschweigen für mich. Hätte, hätte, hätte!

Aber Helmut hat nicht, das ist ja das Schreckliche. Helmut hat seine bequeme Fernehe mit mir weitergeführt, als ob nichts gewesen wäre. So, als ob er sein Doppelleben noch ewig weiterführen wollte. Die Schwangerschaft hat ihr Verhältnis intensiviert, die Zärtlichkeit gesteigert, die Zuwendung vertieft, da bin ich mir sicher. Wenn die Verbindung vorher lose gewesen sein sollte, dann war sie seitdem fest. Sein Kind in ihrem Bauch, was für eine wunderbare Gemeinsamkeit. Sein Samen und ihr Ei. Sie haben sich verbunden, dann wurde es zu einer Kaulquappe, zu einem Frosch, zu einem Fötus, zu einem Sohn, dann wurde es geboren, und Helmut ist hingefahren, um es willkommen zu heißen und vor der Mutter auf den Knien zu liegen. Er wäre vielleicht heute noch ein reizender Vater und ein noch reizenderer Geliebter, wenn nicht ein dummer Zufall alles versaut hätte. Genau genommen ein Baugerüst vor dem Haus. Wie soll, wie kann ich das vergessen? Obwohl Helmut heute an meiner Seite liegt. Obwohl er umgekehrt ist. Trotz Sohn und Rosen und Champagner und Goldring und Studiofotograf. Obwohl ich weiß, dass er mich liebt, spätestens seit Himmelfahrt. Die Bilder ihres Glücks sind in meinem Kopf und wollen und wollen nicht verblassen. Ich bin alt, und sie ist fruchtbar.

Ich bin in dieser ihrer Schwangerschaftszeit ein paar Mal nach Tübingen gefahren. Wenn ich mich daran erinnere, muss ich immer noch kotzen. Wie schizophren ist der Mann, den ich glaubte zu kennen. Er hat mich zu irgendwelchen Verpflichtungen mitgenommen, mich seinen Kollegen vorgestellt, zufrieden, dass man mich vorzeigen kann. Sie gibt es wirklich, lachte er. Sie wussten, dass ich Journalistin bin und in Berlin ein interessantes Leben führe. Damals machte es mich stolz, dass Helmut so stolz auf seine Frau war und ich in seinem Leben wenigstens mit Anekdoten vorkam. Ich habe mich immer schön gemacht, für ihn, seine Kollegen, damit er noch stolzer herumspazieren kann. Am nächsten Tag ist er dann zu der schwangeren Frau gegangen. Klick. Neuer Sender, neues Programm. Keine Umschaltprobleme, keine Bedenken, keine Zweifel, kein schlechtes Gewissen. Nichts. Gar nichts. Hier ist er lieb, und dort ist er lieb. Hier ist er aufmerksam, und dort ist er es. Ich war die Frau, die Helmut Geschichtchen aus der Hauptstadt lieferte, mit denen er sich interessant machen konnte. Die noch interessantere Geschichte aber war das Leben in ihrem Bauch. Meine Geschichtchen kamen und gingen, ihre Geschichte wurde immer größer, aufregender, lebendiger. Hat er mich ein wenig verachtet, weil er mich so leicht belügen konnte? Oder bemitleidet? Oder hat er sich über sich selbst gefreut, den tollen Jongleur, dem die Bälle nicht aus der Hand fallen wollen? Oder hat er sich überhaupt nichts gedacht, der Unschuldsengel, der er zu sein meint.

Am meisten schmerzt in der Erinnerung ein Besuch im Februar. Da war sie schon hochschwanger. Ich nahm an einer Veranstaltung teil, die Helmut organisiert und über die wir beide vorher monatelang geredet hatten. Es war beinahe so, als ob ich an dieser Veranstaltung auch ein wenig beteiligt war, weil sich damit sein und mein Engagement verbündeten. Wie es früher oft in unserem Leben geschah und in den letzten Jahren seltener. Helmut hatte durchgesetzt, dass die Philosophische Fakultät einen Promotionspreis verleiht und dass dieser Preis mit dem Namen einer von den Nazis ausgebürgerten Jüdin verbunden wird, deren Doktortitel die Universität aus rassischen Gründen 1936 aberkannt hatte. Auf dieser Veranstaltung in der Aula der Universität machte der Dekan alle Titelaberkennungen durch die Nazis rückgängig, jeder einzelne Name wurde vorgelesen und sein Träger in den alten akademischen Stand versetzt, und Helmut entschuldigte sich im Namen der Universität für alle von den Nationalsozialisten verübten Leiden und Beleidigungen. Dieser ganze Abend war in seiner Ernsthaftigkeit ergreifend, die Symbolik viel politischer als ein anonymes Riesenmahnmal in der Mitte von Berlin. Einen vergleichbaren Akt hatte es in ganz Deutschland bisher nie gegeben. Andere Universitäten haben die Titelaberkennungen ganz leise und heimlich und pauschal zurückgenommen, natürlich ohne ihr früheres Engagement zu erwähnen oder gar einzelne Personen zu benennen, die damals am Unrecht beteiligt waren. Einen Promotionspreis mit dem Namen eines dieser um ihre Zukunft beraubten Wissenschaftler aber gibt es bis heute nirgendwo anders.

Ich war schrecklich stolz auf meinen Mann und fühlte

mich ihm unendlich verbunden und so nah wie schon viele Jahre nicht mehr. Richtig, richtig nah. In dieser Nacht und auch in der nächsten, letzten, schliefen wir miteinander, und es war wunderschön. Innig und vertraut, kein bisschen unbequem und fremd, und ich war froh, dass das Laken feucht wurde. Als ich abfuhr, sagte er, es sei nett mit mir gewesen, aber wenn er erst einen Universitätspreis erfinden müsse, damit ich mit ihm schlafen könne, sei dies doch ziemlich anstrengend. Peng. Bingo.

Später hörte ich, dass seine hochschwangere Geliebte auch auf dieser Veranstaltung gewesen war. Und vermutlich auch stolz auf ihn, den Vater des gemeinsamen Sohnes. Er wird mit ihr ebenfalls Einschlägiges besprochen haben, und sie wird ihn ebenfalls gelobt haben. So wie eine 46-jährige Risikoschwangere einen Mann loben kann, wenn eine Frühgeburt nicht riskiert werden soll. Antifaschismus ist eben international, nicht alle aus Südfrankreich sind Rassisten. In gewissen Dingen ist Helmut prinzipienfest.

In diesen Spätjuni- und Juliwochen bin ich nicht mehr die Frau gewesen, die Helmut einmal gewählt hatte, weil sie so lebendig war. Ich bewegte mich auf dünnem Eis, brach ein, wenn er fort, krabbelte heraus, wenn er da war. Meine psychische Abhängigkeit war enorm, auch deshalb konnte ich mich nicht mehr leiden. Von Autonomie keine Spur, nur Reaktion auf dieses und jenes kleine Teilgeständnis, und immer wieder die Erleichterung, wenn Helmut mir einredete, ich würde mir etwas einreden. Ich benahm mich exakt wie die Geliebte, die glaubt, was sie glauben will, die hört, was sie hören will. Helmut war in diesen Wochen immer aufmerksam, in seiner Liebe zu mir schien er fest und sicher. Er stand da wie eine deutsche Eiche, und ich lehnte mich dagegen. Woher nahm er bloß diese Kraft? Er beteuerte immer wieder, dass er nie aufgehört habe, mich zu lieben, jetzt liebe er mich mehr denn je. Mehr denn je? War er dankbar, dass ich die Prüfung überstanden habe? Dankbar, dass ich ihn nicht hinausgeworfen habe, so wie in dem Feministenkalauer, über den alle Frauen lachen? In welcher Zeitung steht, wenn ein Mann seine Frau über den Balkon kippt? In der BILD. Und in welcher, wenn eine Frau ihren Mann aus dem Fenster wirft? In SCHÖNER WOHNEN. War er dankbar, dass ich ihn nicht rausgeschmissen, sondern im Gegenteil eingeladen hatte? Dankbar auch, dass ich immer noch alle Beruhigungspillen schluckte? Dass ich über sein wirkliches Verhältnis zu der Frau nichts wusste? Warum musste ich mir immer Essig in den Wein gießen? Er hat mich gewählt, und ich ihn. Warum reicht das nicht?

Stimmt, ich hatte ihn genommen. Mein Fundament wackelte zwar, aber genau in dem gleichen Maße, in dem ich in den helmutlosen Tagen die Risse verbreiterte, goss ich Zement in die Spalten, wenn er da war. Viel Zement. Genug, um unser Haus noch viel stabiler zu bauen. Wenn das Gespräch auf die Frau und das Kind kam, verschanzte er sich hinter sein hm, hm, hm, und ich stellte sofort die Zementsäcke ab. Wenn er sagte, du brauchst keine Angst zu haben, sie will nichts mehr von mir wissen, und mir ist das recht, schmiss ich den Betonmischer an. Wenn er sagte, wieso soll ich ein Kind lieben, dass ich überhaupt nicht kenne, dem ich höchstens ferner Onkel sein werde, dann goss ich tonnenweise Brei auf die Baustelle.

So funktionierte das. Je mehr er sagte, was ich hören wollte, je öfter er beteuerte, meine Phantasien über seine Vaterliebe seien absurd, desto sicherer stand mein Fundament. Wenn Helmut bei mir war, verflüchtigte sich die Schwangeren- und Babyneurose, wenn er abfuhr, holte ich die Spitzhacke. Wieso will sie von ihm nichts mehr wissen, wenn ihr Verhältnis so gewesen ist, wie Helmut stets behauptet? Lose, nie auf Zukunft angelegt, vernünftig geklärt, das Kind ihr eigener Wille, kein Familienleben im Blick, kein Kontakt nie und nimmer seit dem Abschiedsbrief. Nur eine Taufanzeige, ohne Gruß, ohne alles, das war der Brief, sagte Helmut, der im Frühsommer zwischen den Reklamesendungen gelegen hatte. So verging der Juli.

Niemals in meinem Leben habe ich unsere Mühle in Italien so herbeigesehnt wie in diesem Sommer. Mindestens vier Wochen, später noch ein paar Tage Spanien und dann eine lange seminarfreie Zeit in Berlin. Den ganzen August, fast den ganzen September und mindestens zwei Wochen im Oktober werden wir Tag und Nacht zusammen sein, wie ein richtiges Ehepaar. Liebe, Muße, Zeit, eine kleine Ewigkeit. Ich weiß, dass ich in Italien die Fragen stellen werde, die Helmut stets abzuwehren wusste. Hm, hm, hm, hm. Für mich sind die Aufräumarbeiten noch nicht erledigt, aber der Wille aufzubauen ist riesengroß. Ich zähle die Minuten, freue mich nass auf unser Mühlenbett, packe den Amber und das Geranienöl ein und – könnte ja sein – auch dreißig Meter Akten und das Notebook.

Letzte Hektik in Tübingen. Er muss im Institut noch hier und dort telefonieren, seine Akten zusammenkramen, die Sekretärin briefen. Ich gehe frühstücken in die Stadt, nur möglich, weil die Frau noch immer in Marseille ist und wir heute abfahren. Ich Idiotin, ich blöde, blöde Nuss, verflucht soll ich sein, in der Hölle schmoren, so bescheuert kann doch niemand sein. Warum gehe ich an ihrem verfluchten Haus vorbei, gucke auf die Fenster, sehe mir ihr protzig-bescheuertes Namenschild an und auch die logistischen Möglichkeiten für den bescheuerten Kinderwagen im Flur. Das ganze Unglück, die ekligen sexuellen Phantasien, der blinde Hass auf diese verdammte Männerstehlerin, Helmuts monatelanger Verrat, nebelt mir auf der Stelle wieder den Kopf zu. Eine Stunde vor der Abfahrt in die herbeigesehnten Sommerferien. Was hat mein stummer Ehemann mir verschwiegen? Was wollte dieser Aal im Kanal verschweigen, damit ich die Klappe halte? Wie war das mit dem Kind und dem Mitterrand-Arrangement?

In Helmuts Wohnung gehe ich zur Sache. Mit zitternden Händen, ausgetrocknetem Mund, flatterndem Herzen, weichen Knien und genau wissend, dass ich mein Unglück schlimmer machen könnte, wühle ich seine Privatkorrespondenz durch. Ich finde meine seitenlangen Briefe aus und über Lettland, die täglichen Ansichtskarten aus Israel, die paar Faxe, die ich ihm in den letzten Wochen geschickt hatte und darunter – privat ist eben privat, Ordnung ist Ordnung – die Briefe der Frau. Vier oder fünf, alle abgeschickt im Juli, der letzte genau vor einer Woche. An Herrn Professor Dr., ich hatte immer nur an Helmut geschrieben. Die Frau ist konventionell, theoretisch ein Trost, praktisch nicht. Zwei dieser Briefe mit ihrer flüchtigen Handschrift lese ich, die restlichen lasse ich liegen und nach früheren, eventuell tiefer verpackten, den Liebesbriefen von vorgestern, suche ich nicht. Aus Restscham und Selbstschutz. Seit diesem Tag hat das Kind auch einen Namen. Michael.

Die beiden Briefe reichen aus, um zu erfahren, was Helmut mir nie gesagt hatte, ich aber immer wissen wollte. Es sind Briefe einer Frau, die ihren früheren Geliebten immer noch liebt. Die nicht unbedingt ein Kind wollte, weil es fünf vor zwölf war, sondern die sich auf ein Kind einließ, weil sie glaubte, den Mann damit gewinnen zu können. Die jetzt verzweifelt ist, weil sie ohne ihn ist. Jeder Buchstabe zeigt es, ich höre es aus ihren Worten und fühle es zwischen den Zeilen. Sie macht Helmut Vorhaltungen, dass er sie einen Monat nach der Geburt so grausam behandelt, dass er das Verhältnis von einem Tag auf den anderen beendet hat. Ich habe von dir nie die Ehe verlangt, weil du verheiratet bist, schreibt sie, aber du hast mir versprochen, zu mir zu stehen. Nicht nur einmal, sondern viele Male. Dann lese ich das, was mir am wichtigsten ist, was mich am meisten umtreibt, weil ich am wenigsten darüber weiß und ich genau diese quälende Fragen auf Italien verschoben habe. Was ist mit dem Kind? Wollte er nach der liebevollen Schwangerschaftsbegleitung auch ein liebevoller Vater werden? Ist dieses Kind Ergebnis eines Rechenfehlers, oder ist dieses Kind berechnend gezeugt worden? Erhofft und von beiden schon als Fötus geliebt, herbeigesehnt und dann gefeiert? Dann könnte er es nicht ignorieren, könnte ihm nicht nur ferner Onkel sein. Dann wäre es nicht ihr Kind und nur ihr Kind allein, sondern ihr gemeinsames. Dann stimmt alles nicht, was er mir je gesagt hat. Nicht nur einmal, sondern ebenfalls viele Male. Dann bricht alles zusammen.

Es bricht alles zusammen. Mir rasendem Herzen lese ich, dass die beiden nicht nur einmal, zweimal, dreimal, sondern viele, viele Male über den Platz ihres Sohnes in ihrem Leben gesprochen haben. Ich erfahre, dass dieses Kind wahrhaftig kein Zufall, kein Rechenfehler war, sondern von beiden gewollt, zumindest sehr, sehr bewusst und sehr gerne in Kauf genommen wurde. Dass die Frau am Anfang der Schwangerschaft Bedenken gehabt hatte, weil mein Mann mit mir verheiratet bleiben wollte, aber Helmut ihre Bedenken ausräumen konnte. Dass sie sich beide immer einig darüber waren, dass Michael nicht wie ein Kind von geschiedenen Eltern aufwachsen sollte, auch wenn ihr Verhältnis – Gott sei es geklagt – wider alle Erwartung einmal enden sollte. Dass das Kind nicht nur einen biologischen, sondern einen richtigen Vater haben sollte, gleich wie die Umstände einmal werden würden. Ich lese nichts von Mitterrand, ich lese genau das Gegenteil. Ich erfahre auch, dass es in den letzten Wochen viele einschlägige Telefonate gegeben haben muss. Ich glaube dir wirklich, dass du deinen Sohn liebst, so etwa schreibt sie Ende Juli. Du brauchst keine Sorge zu haben, dass ich, wenn du aus deinen Ferien in Italien zurückkommst, dir Michael entziehen werde. Das werde ich niemals tun. Michael braucht alle Liebe und die Liebe seines Vaters besonders. Sie schreibt, dass Helmut stolz auf seinen Sohn sein könne, dass er ein besonders netter kleiner Kerl sei und dass sie nichts tun werde, um Helmuts Liebe zu seinem Sohn zu verhindern. Einer dieser beiden Briefe endet mit dem bitteren Vorwurf, dass er das, was er ihr in seinem Abschiedsbrief über seine Gefühle zu mir geschrieben habe, hätte früher sagen müssen. Viel, viel früher.

Diese Schnüffelei ist schrecklich gewesen, diese Briefe sind die grausame Bestrafung. Aber ich hätte nicht schnüffeln brauchen, wenn er nicht wie ein Fisch im Meer immer davongeschwommen wäre. Sein Sternzeichen ist mein Schicksal, ich spüre die Bitterkeit auf der Zunge. Meine Phantasien sind keine Phantasien gewesen, Helmuts Liebschaft war tausendmal inniger, als er mir stets erzählt hatte, und seine Bindung zu mir hat er bei ihr stets untertrieben. Die beiden hatten eine Art Zukunft im Blick, zumindest sollte ihr Kind einen festen Platz in ihrem Alltag finden. Fester Platz? So hätte er ausgesehen, wenn das Baugerüst nicht vor unserem Haus gestanden hätte: Gutenachtküsschen für Michael am Abend, Gutenmorgenküsschen für Michael beim Frühstillen. Selbstverständliches Hineinwachsen in eine Familiensituation. Papa und Mama. Deutsch-französische Kindererziehung. Schrippen und Croissants, Leberwurst und Pâté. Weil ich nichts davon wissen sollte, mit open end. Sie, da bin ich mir sicher, hatte nur eine einzige Version im Auge. Lebendige Tatsachen schaffen und dann der sexlahmen Teutonin den Mann stehlen. Mit Haut und Haaren, den Schwanz hatte sie ja schon. Ich habe all das geahnt, aber es gibt einen Unterschied zwischen ahnen und wissen. Wer weiß, kann sich schlecht selbst betrügen. Der Selbstbetrug war meine Hoffnung. Jetzt habe ich sie selbst zerstört, mir eine Ohrfeige verpasst, die brüllend schmerzt, weil sie mich in die Realität katapultiert.

Der Ekel, Helmuts Abwesenheit ausgenutzt zu haben, und der Ekel, dass mein Mann mich beschwichtigt und gleichzeitig weiter laviert, halten sich die Waage. Am schlimmsten ist aber die Gewissheit: Wenn es stimmt, was in diesen Briefen steht, habe ich verloren, dann kann ich einpacken. Warum sollte es nicht stimmen? Die Briefe waren ja nicht für mich bestimmt, sondern für ihn. Gegen eine Frau kann ich mit den Waffen einer Frau kämpfen, aber nicht gegen ein Kind, das noch jahrelang Windeln braucht und für den Betrug nichts kann! Schon gar nicht gegen ein Wunschkind, das Helmut aus den verschiedensten Gründen wollte und das er liebt. Und er liebt es, ganz klar, sonst hätte er nicht nach dem Kind jammern und sie ihn nicht trösten brauchen. Dieses Hasenherz. Nicht das Kind ist das Drama, wie ich bisher immer meinte, sondern meine Angst vor diesem Kind ist Helmuts Unglück. Ich bin Helmuts Drama, ich treibe ihn in ein neues Doppelleben hinein. Er wird die Frau nicht mehr vögeln, o. k., das kann sein, aber das Kind wird er heimlich herzen. Er wird in Berlin mit mir Großvater und Großmutter spielen und mir weiß Gott was erzählen, aber in Tübingen der Vater sein und mir das verschweigen, weil er das verschweigen muss. Eine gelebte Vaterschaft mit Teddybären, Kindergeburtstagen, Schlossparkspaziergängen, Babysitterdiensten hier und dort, Krabbelstube, Einschulung, Rührung, Sorge und Zärtlichkeit wird aber unserer Ehe in Berlin den Todesstoß versetzen. Morgen oder übermorgen, ganz gleich, ob ich seine Tübinger Aktivitäten kenne oder nur erahne. Die Mutter wird niemals, wie ich mir mit seiner Unterstützung eingeredet habe, eine Decke über den Kinderwagen werfen, wenn sie ihn zufällig auf der Straße trifft. Das Gegenteil ist richtig, sie wird es selbst zum liebenden Vater tragen, immer darauf hoffend, dass die über das Kind hergestellte Vertraulichkeit zu einem Revival führt. Aber ich will keinen Mann, der ein fremdes Kind neben mir hat. Ich will meinen Mann nicht mit einer fremden Mutter teilen. Mindestens 18 Jahre lang.

In diesen Minuten bin ich bereit, Helmut, unsere beinahe 28 Jahre Ehe aufzugeben. Ich kauere in seinem ausgelatschten Sessel, unentschieden zwischen der Lust, ihn oder mich umzubringen. Alles was ich ihm in unseren quälenden Auseinandersetzungen abgepresst hatte, war Blech gewesen. Vollkommener Müll. Wortgeklingel. Lieschenmüllerblödsinn für eine Lieschenmüllerehefrau. Statt aufzuräumen, hat er zugeschüttet. Statt mir bittere Wahrheiten zu präsentieren, hat er mich mit süßen Worten eingelullt. Cosi fan tutte. Übelste Täuschungen, vorgetragen in den himmlischsten Tönen. Verlogene Arien, die er im Moment bestimmt selbst hinreißend und überzeugend fand. Ich kenne ihn doch, den Lavierer mit seinem großen Herzen, der immer will, dass ihn die ganze Welt liebt. Der sich die Beine ausreißt, aus Angst nicht zu gefallen. Der weiter finassiert, selbst wenn die Leichen schon um ihn herumliegen. Wie schon ein paar Mal hat er verschwiegen, was er nicht verschweigen durfte, wahrscheinlich aber immer verschweigen wollte. Weil er meine Reaktion fürchtete, den nervtötenden Wochenend-Ehekrieg. Der Feigling. Er wollte einen dicken Mantel über seine Sehnsucht nach Michael werfen, ganz sicher in Italien, wo er sich mit mir erholen wollte. Von seinen besprechungsintensiven und entscheidungsstarken Tagen in Tübingen und den lästigen

Staatsanwaltsfragen in Berlin. Das Kind ist ein Wunschkind. Helmut will Vater sein. Er hat es der Mutter viele, viele Male versprochen. Aus und vorbei. Während er seine Sekretärin brieft und letzte Faxe an irgendwelche Vereine absetzt, zittere ich in seiner voll gemüllten Wohnung und weiß absolut nicht mehr, welche Chance mir noch bleibt. Keine. Aber wenn doch, welche? Sie wird im Namen des Kindes um Helmut kämpfen. Sie hat mit ihren Briefen die Tür nicht zugeschlagen, sondern das Tor sperrangelweit geöffnet. Sie liebt ihn, und das Kind ist Dynamit. Das Kind heißt Michael und ist ein Erzengel. Und in einer halben Stunde wollen wir nach Italien fahren. Wie hilflos ich mich fühle. Wie allein.

Ich dumme, dumme Kuh, warum habe ich bloß diese verfluchten Briefe herausgewühlt, warum habe ich mir obendrein den Anblick der beigelegten Kinderfotos angetan. Ganz schnell, aber immerhin lange genug. Es liegen viele Fotos in ihren Briefen. Die Frau sieht attraktiv aus mit ihrem großen schwarzen Hut. Große schwarze Hüte fand Helmut immer toll, meine werde ich der Heilsarmee schenken. Das Kind sieht ihm ähnlich, ohne Zweifel, mein Mann hat sich verewigt. Das habe ich immer befürchtet, jetzt sehe ich es. In 13x18, bunt mit gezacktem Rand. Die gleiche Stirn, die gleiche Kopfform, nur die Augen sind schwarz, die Lippen schmaler. Was soll ich jetzt nur machen? Was soll Helmut machen, wenn er weiß, dass ich weiß? Warum habe ich mir die Freude auf meinen Mann im Bett versaut? In einer halben Stunde fahren wir los.

Wir fahren nicht in einer halben Stunde, sondern nach zwei. Helmut spürt meine kaum zu disziplinierende Aggressivität und zettelt einen Streit an. Seit wann ich denn so kleinlich und pedantisch sei, wenn er mal fünf Minuten zu spät käme? Und ich denke ununterbrochen, sage ich ihm jetzt, was für ein Abwiegler und Verschweiger er ist, oder spare ich mir das für eine finale Auseinandersetzung auf. Soll ich Italien so schön werden lassen, wie es irgend geht und wenn er mir dort immer noch nichts über seine Sehnsucht nach dem Kind sagt, ihm anschließend die Quittung servieren? Soll ich ihn ins Messer laufen lassen? Das mich auch umbringen wird? Oder doch erst nach der gebuchten und bezahlten Barcelonareise im September? Oder doch niemals? Wie verhält sich eine kluge Ehefrau? Hält sie die Schnauze oder reißt sie sie auf? Und während ich alle Optionen hin- und herwälze, werde ich immer verzweifelter. Versteckt hinter Kampfesworten zu seinen angeblich miserablen Fahrkünsten heule ich wie ein Schlosshund. Wie soll ich mit diesem meinem so herbeigesehnten Mann jemals wieder schlafen können, wenn er darauf giert, seinen Sohn in Tübingen bald wieder in die Arme zu schließen. Wie soll ich mit einem Mann schlafen, von dem ich genau weiß, er will mich weiter betrügen, sein Doppelleben nur auf eine qualitativ neue Stufe heben. Der seinem Kind nicht wie x-mal versprochen ferner Onkel oder Bekannter sein will, sondern wie ein von der Mutter geschiedener Vater. Vertraut und verantwortungsvoll, so wie ich es von vielen Bekannten kenne. Der ein ganz besonderes Gefühlsleben entwickeln wird, dass ich nicht teilen kann. Von dem ich mir in Berlin die phantastischsten Vorstellungen machen werde, immer die Konkurrenz Enkelkind im Hinterkopf. Der seine Heimlichkeiten fortsetzen will, fortsetzen muss, weil er das Kind ja schon liebt. Wie lange wird es brauchen, bis Helmut mir vorwerfen wird, eine verabscheuungswürdige Egoistin zu sein? Die einem unschuldigen Kindchen den Vater stehlen und ihn zum Schwein machen will.

Es gibt noch eine kleine Atempause vor dem Ehebett. Zwischenstation in Ulm und die totale Sonnenfinsternis mit der Beinaheschwiegertochterfamilie auf der Schwäbischen Alb. Es ist kalt, es regnet, die einviertel, halb, dreiviertel, ganz verschwundene Sonne versteckt sich hinter dicken Wolken, über Ulm blitzt und donnert es. Dann wird es dunkel. Von Osten schiebt sich die Schwärze über die Alb, und das Land wird still. Helmut und ich stehen dicht nebeneinander. Wir sind ein Paar. Immer noch. Trotzdem. Die Vernunft geht ihre eigenen Wege. Seit wann ist Liebe vernünftig? Als es schwarz um uns ist, küssen wir uns. Zärtlich, uns mit den Augen versprechend. Meine werden feucht, ich denke an die Briefe. Die nächste Sonnenfinsternis wird im Jahre 2073 zu sehen sein. Ich möchte sie mit ihm erleben. Er auch, ich sehe es. Dies ist auch ein Liebesvertrag. Welcher von seinen vielen Verträgen ist der wichtigste? Der mit mir. Ich weiß es genau. Aber das löst nicht alle Probleme. Auch dies weiß ich genau. Ich weiß immer genau, was ich alles nicht will. Das ist auch ein Problem.

Unsere Mühle in Umbrien ist hinreißend wie immer. Wir wühlen herum, putzen, kramen, ich beziehe gleich zwei Doppelbetten in verschiedenen Räumen, damit wir sie uns aussuchen können, die Laken sind goldgelb und duften. Am Abend sitzen wir vor dem Haus, trinken Chianti der Meisterklasse, schauen auf unseren Dschungel vor der Nase, versuchen dem Bach hinterherzulauschen, der aber ausgetrocknet ist, begucken den Hund, der zufrieden herumschnüffelt. Kerzen brennen. Es ist warm, still, die Zikaden klappern, die Glühwürmchen treiben ihr Spiel, es könnte wundervoll sein, denn vier Wochen liegen vor uns. Die erste Nacht hatte ich seit Wochen herbeigesehnt, ich wollte sie fast rituell begehen, jetzt ist sie da, aber mein Geheimnis schnürt mir das Herz zu. Jede Sekunde denke ich, mein Gott, du bist mir so nah, ich schaue dich so gerne an, aber dein Kind macht dich entsetzlich fremd. Es steht zwischen uns wie eine Mauer, ich kann nicht hinüberspringen. Im Bett kuscheln wir uns aneinander, nein, ich sage jetzt nichts, nein, ich sage auch morgen nichts, nein, ich werde nie was sagen, Helmut tastet ein wenig herum und lässt es dann bleiben. Er ist müde. Ich kann lange nicht einschlafen, in mir toben die unterschiedlichsten Wetter. Blitz, Sturm, Sintflut, Frühlingsluft.

Am Morgen nimmt er mich in die Arme, du bist schön, meine Schöne … frisch gar ist unser Bett. Ich will ihn in mich lassen, über die Mauer springen, aber ich bin trocken. Vollkommen trocken. Und schrecklich verzweifelt. Wie eine Springflut bricht es aus mir hinaus. Ich kann nicht mehr deine Frau sein, ich werde es nie mehr sein können. Ich habe es mir so gewünscht, aber es geht nicht mehr. Ich habe die Briefe der Frau gelesen, ich weiß, dass du dein Kind liebst, dass es ein gemeinsames Wunschkind ist, dass du Angst hast, sie würde es dir wegnehmen, sie aber versprochen hat, es nicht zu tun. Ich schäme mich, schäme mich, weil ich eine Schnüfflerin bin, aber auch, weil du mich zu einer gemacht hast. Die Zeit in der Mühle und dann noch in Barcelona ist für mich das große Abschiednehmen von dir. Anschließend werde ich dich verlassen, ich kann und will dich nicht mit Kind ertragen. Ich schluchze, heule, wimmere auf seiner Schulter, so tierisch wie damals in Berlin, als ich endlich begriffen hatte, es gibt da einen Sohn in Marseille. Um Gottes willen, sagt Helmut, du treibst da in etwas hinein, lass uns aufstehen, frühstücken und reden.

Wir haben wenig gefrühstückt, viele Stunden geredet und die klare umbrische Luft mit Camel verpestet. Aus der Perspektive von heute weiß ich, dass wir an diesem Tag eine Chance verspielt haben. Dass wir uns an diesem Tag in die Schwierigkeiten hineingeredet haben, mit denen wir heute nicht fertig werden, ich jedenfalls nicht. Unser Gespräch kommt mir im Nachhinein wie eine große Traumtänzerei vor, aber damals hätte nur Helmut ahnen können, dass es eine ist. Ich weiß, dass ich Helmut an diesem Sommermorgen in eine schwierige Lage hineingetrieben habe. Vollkommen am Boden, weinte ich ganz Umbrien zu, war mir absolut sicher, dass dieses Kind, die Vatersohnliebe unsere Ehe zerstören wird. Ich habe ihm entgegengeheult, entgegengeschrien, entgegengejammert, entgegengeschluchzt, dass ich mich von ihm trennen werde, sollte er seine Beziehung – gleich welcher Intensität – zum Sohn pflegen wollen. Ich kann es nicht aushalten, dass ich

Großmutter werde und du Vater eines fast gleichaltrigen Kindes bist, bediente ich zum x-ten Mal die alte Leier. Ich will nicht aushalten, dass du fortführen willst, was du immer im Sinn hattest, nur zu feige, es mir zu sagen. Helmut, frage ich, hast du meine Briefe nicht gelesen, kannst du dich nicht an unsere Vereinbarungen erinnern, hast du dir das alles geduldig wie der Esel im Stall angehört, nur um anschließend darauf zu kacken? Sind dir meine Befürchtungen eigentlich völlig egal? Spielst du wieder Schach mit mir? Willst du die Geschichte aussitzen?

Helmut hat an diesem Tag nicht Tacheles geredet, nicht gesagt, ich kann nicht anders aus diesem und jenem Grund, ich habe mich wahnsinnig verrannt, aber jetzt muss ich die Folgen tragen. Er hat auch nicht gesagt, Maja, ich weiß nicht, was ich tun soll, bitte, was soll ich tun, lass uns gemeinsam über die Situation nachdenken und eine Lösung finden, in der das Kind vorkommt. Helmut hat an diesem Tag Seife verschüttet, glitschiges Weißwasserzeug, und davon viele, viele Kilo. Es blieb ihm, weil ich so verzweifelt war und wie immer höchst radikal, überhaupt nichts anderes übrig. Vielleicht hat er auch selbst geglaubt, es wäre keine Seife, die er da herumschmiert. Selbstverständlich bin ich mit Freuden auf sie gelaufen und darauf ausgerutscht.

In der Mühle, auf unserem wunderschönen Stern, haben wir uns die Probleme schöngeredet. Helmut hat getan, was er am besten kann, er hat Claires Briefe interpretiert, und ich habe getan, was ich am liebsten tue: seinen Auslegungen geglaubt. Wir beide spielten Theater, und wir beide glaubten, es sei kein Theater, sondern die Wirklichkeit. Wir haben jeder für sich und beide zusammen uns selbst betrogen, weil uns kein anderer Ausweg einfiel und wir uns nicht verlieren wollten. Wir sind nicht wie das jüdische Paar, das zu einem Bankett in Odessa eingeladen wird. In der Eingangshalle treffen sie eine gut aussehende Frau. Wer ist das, fragt die Ehefrau. Die Geliebte des Abteilungsleiters, antwortet der Ehemann. Auf der Treppe sehen sie eine noch schönere Frau mit Hut und Schleier. Wer ist das, fragt die Ehefrau. Die Geliebte des Bankdirektors, antwortet der Ehemann. Am Bankettisch sitzt eine hinreißende Blondine, voll behängt mit Juwelen. Wer ist das, fragt die Ehefrau. Meine Geliebte, antwortet der Ehemann. Unsere Geliebte ist die schönste, beschließt die Ehefrau.

So sind wir nicht. Unsere Seifenoper sieht anders aus. Helmut behaupet, Claire habe sich in ihren Briefen verrannt, habe nicht die Realität, sondern nur ihre Hoffnungen niedergeschrieben. Es gab keine Verabredungen für die Zukunft, sagt er gebetsmühlenhaft, keine mit ihr und keine für das Kind. Es sei möglich, interpretiert er, dass sie ihn tatsächlich in eine Vaterliebe hineintreiben möchte, vielleicht sogar mit der strategischen Absicht, das Rad zurückzudrehen. Und was ist mit dem Wunschkind, heule ich los, wie kannst du ein Wunschkind zeugen, dem Wunschkind aber nichts versprechen? Du lügst, du lügst immer noch, du eierst, wie gewohnt! Helmut schweigt und schweigt, die Zeit verrinnt, ich spüre wie er versucht sich die Worte zurechtzulegen, wie er sie auf die Goldwaage legt und ihre Gewichte prüft, ich platze beinahe vor Ungeduld und vor lauter Angst, jetzt schreckliche Wahrheiten hören zu müssen. Ja, sagt er endlich, ein blinder Zufall sei dieses Kind nicht. Zum einen habe er an eine Empfängnisbereitschaft auf ihrer und eine Zeugungsfähigkeit auf seiner Seite nicht geglaubt. Das Kind sei ein biologisches Wunder. In der Tat, zusammen sind die Eltern 102 Jahre alt, fauche ich. Auf der anderen Seite, fährt Helmut fort, war und bin ich immer noch davon überzeugt, dass ein Kind das Beste ist, was Claire passieren konnte. Insofern habe ich ihr zugeredet, es auch wirklich zu bekommen.

Das verstehe ich nicht, wollte oder wollte sie es nicht? Und Helmut erklärt es, eine Zigarette an der anderen anzündend. Seine Erklärungen sind um die Ecke gedacht, sind wahnsinnig und so absurd, dass sie tatsächlich stimmen könnten – worüber ich meine zentrale Frage vergesse. Er erzählt mir, dass Claire eine neurotische Mutterbeziehung pflege, dass sie in Marseille eine herzkranke Mutter sitzen habe, die es über Jahrzehnte verstanden habe, Claire einen Kinderwunsch auszutreiben. Sie bräuchte kein Kind, soll diese herzkranke Mutter stets behauptet haben, Claire, ihre einzige, über alles geliebte Tochter habe ja sie. Das Kind, sagt Helmut, dieser vermaledeite Heimwerkerpsychologe, allen Ernstes, habe ich als Chance für Claire begriffen, sich von der Mutter emanzipieren zu können. In ihrem Alter vielleicht die allerletzte Chance überhaupt. Die Mutter sei ein wahrer Graus, sagt Helmut und schüttelt sich vor Entsetzen.

Das ist nun wirklich das Blödeste, was ich je gehört habe. Mein Mann soll seine Geliebte schwanger gebumst haben, damit sie sich von der Mutter befreien kann. Aus therapeutischen Gründen hat er nicht Knaus-Ogino praktiziert oder zum Kondom gegriffen, sondern mach's noch einmal Sam gespielt. Was zum Teufel gehen ihn die grauslige Mutter an und Claires bescheuerte Familienverhältnisse. Die Frau braucht kein Baby, sondern einen Analytiker, ab einem gewissen Alter ist man für sein Leben selbst verantwortlich. Die Frau ist eine Psychopathin, denke ich und weiß, das ist supergefährlich. Wie soll sie sich von Helmut lösen können, wenn sie Selbstständigkeitsprobleme hat, wenn sie es in ihrem langen Leben nicht einmal geschafft hat, sich von der Mutter zu trennen. Und ihr zuliebe bisher die Pille gefressen und kein Kind bekommen hat. Einerseits! Andererseits, warum soll ich Helmuts Kind ertragen, wenn es eine therapeutische Einzelmaßnahme für die Psychopathin war? Dann kann Helmut sich jetzt, wo die biologische Maßnahme existiert, vom Acker machen. Dann hat er die therapeutische Leistung erbracht und kann jetzt gehen. Der Befreiungsschlag ist erfolgt, der Therapeut muss ihn bezahlen, das ist absurd und lachhaft genug. Wie die Frau ihre Emanzipation von der Mutter mit dem Baby-Wunder in Tübingen auf die Reihe bekommt, ist ihre eigene Angelegenheit. Muss ihre eigene Angelegenheit sein. Die Frau braucht keinen Therapeuten mehr, sondern eine Tagesmutter. Wozu zahle er schließlich seine Alimente, zudem mehr, als er müsste.

Ja, sagt Helmut und schweigt wieder ewig. Die therapeutische Maßnahme sei aber nach hinten losgegangen. Die grauslige Mutter habe ihre Strategie geändert. Sie werde nach Tübingen ziehen und sich um das Kind kümmern. Michael sei jetzt ihre neue Lebensaufgabe und Claire mehr denn je in ihren Klauen. Ich falle fast in Ohnmacht. Mein Gott, was hat dieser altruistische Freizeittherapeut bloß alles angerichtet. Das arme Kind. Eine von Helmut tief beleidigte Mutter kurz vor den Wechseljahren und eine Großmutter, die schon mit einem Bein im Grab steht, wie soll das Kind da jemals normal aufwachsen. Da ist die Klapsmühle ja schon vorprogrammiert. Eine Großmutter, die ihre Tochter neurotisch gemacht hat und mit absoluter Sicherheit auch ihren Enkel neurotisch machen wird. Wie schrecklich. Gleichzeitig weiß ich, dass die grauslige Großmutter jetzt die Rolle übernimmt, die Helmut eigentlich spielen sollte. Küsschen am Abend, Küsschen am Morgen. Schlossparkbesuche am Nachmittag. Mir wird die Großmutter allmählich beinahe sympathisch. Sie ist in der Tat eine echte Liebestöterin, sie ist der wirkliche Garant, dass Helmut nie wieder in die Arme seiner Geliebten fallen wird. Unvorstellbar, dass die beiden sich in Liebe nass schwitzen und Helmut im Badezimmer die Großmutter trifft, wie sie gerade ihre dritten Zähne ins Kukidentglas legt. Bonne nuit, Madame! Die Großmutter geschieht Helmut recht, denke ich. Und ich male ihm aus, wie hübsch seine Kinderzukunft in Tübingen sein wird. Wie er nach einem langen besprechungsintensiven und entscheidungsstarken Tag in die alte Liebeslaube kommt, und die Großmutter hat schon den Haferbrei vorbereitet. Wie sie dem Kind ein Lätzchen umbindet und Helmut erlaubt, es zu füttern. Aber bitte nicht kleckern! Ordnung muss sein. Was Hänschen nicht lernt, lernt Hans nimmermehr. Wie Helmut unter Mutters und Großmutters Argusaugen den Haferbrei in das Kind schiebt und es anschließend ein Bäuerchen auf Helmuts Schulter machen darf. Wie sie zu dritt das hellblaue Babydeckchen schütteln, ein Gutenachtgebetchen murmeln, und dann dreistimmig der Hahn ist tot, der Hahn ist tot singen. Da ist der Hahn wirklich tot, mausetot. Vor solch einem Familienleben brauche ich tatsächlich keine Angst zu haben. Der Großmutter sei Dank. Möge sie 120 Jahre alt werden.

Helmut entschließt sich zu einem gequälten Lachen. Ich werde nie wieder einen Fuß in diese Wohnung setzen, sagt er. Die Großmutter hasst mich. Sie findet, ich bin ein Monster. Aber ich bin doch überhaupt kein Monster. Ach, der arme, arme Helmut, es ist nicht zu fassen. Er ist verheiratet, will sich nicht scheiden lassen, schwängert sein Verhältnis kurz vor der Menopause, verspricht ihr Gott weiß was, verliebt sich wieder in seine in der Besenkammer abgestellte Ehefrau, quittiert der Geliebten und frisch niedergekommenen Kindsmutter Knall auf Fall seinen Abschied, ruft sie an, um zu erfahren, wie es ihr denn jetzt so geht, und ist erschüttert, dass ihn die Schwiegermutter in spe als Monster bezeichnet. Wie selbstbesoffen ist dieser Kerl eigentlich? Selbstverständlich ist er ein Monster und nicht was er glaubt zu sein, der gute Mensch von Tübingen, der nichts anderes getan hat, als international Liebe zu verbreiten. Helmut, dieser ausgemachte Psychodilettant, dieser hirnrissige Egomane, hinterlässt überall verbrannte Erde und will dafür auch noch bemitleidet werden. Herr Professor, wie saudumm sind Sie eigentlich?

Frau Professorengattin! Warum lieben Sie eigentlich ein Monster? Ja, Herr Microsoft-Windows-98-Analytiker, weil er kein Monster ist, sondern nur ein verdammtes, seit zwanzig Jahren midlife-crisis-geschütteltes und feiges Triebtierchen. Das Angst vor einer asexuellen Zukunft mit der Ehefrau hatte und sich deshalb in der Gegenwart entschädigte, wo es nur ging, und im Voraus auch schon. Ein ganz normal blöder Mann, der es hinreißend fand, dass ihn jemand hinreißend fand. Der einen Provinzkomplex hat und deshalb versucht, sich die Provinz gemütlich einzurichten. Der eigentlich ein Familienmensch ist und alle Männer beneidet, die sieben Bälger in der Küche sitzen haben. Für den Kinder ein Potenzbeweis sind. Der ein Abtreibungsgegner und Lebensschützer ist, schlimmer als der Papst. Der keine Spur berechnend ist und deshalb auch im Bett nicht rechnen will. Der immer meint, alles wird sich irgendwie schon regeln, nichts wird so heiß gegessen wie gekocht, wenn's schwierig wird, muss man sich ducken, und morgen ist auch noch ein Tag. Der einfach liebenswert und großzügig ist und kein Spießer. Der kein Zyniker ist, obwohl er gerne einen spielt. Weil er das so cool findet. Er ist ein Mann, der zwar im Beruf erfolgreich geworden ist, aber nie richtig erwachsen. Davon habe ich profitiert. Die gleichen Eigenschaften, die ihm das Kind eingebracht haben, sind die, die unsere Ehe seit 27 Jahre klebt. Wegreden, weglachen, wegsehen, weghören, es irgendwie probieren. Jonglieren. Und warum, Frau Professorengattin, haben Sie dann Angst vor dem Kind? Weil das Kind, Herr Microsoft-Windows-98-Analytiker, seinem Leben einen Rahmen geben wird, an dem ich nicht mit gebastelt habe und mit dem ich nichts zu tun haben werde. Es wird ein gut Teil der Eigenschaften auffressen, die ich an ihm geliebt habe. Das Jungenhafte, die Spontanität. Weil er sich ändern wird, denn ein außereheliches Kind mit einer Psychopathin ist eine Nummer zu groß für den Freizeittherapheuten. Weil er mich mit seinem Kind in Verhältnisse zwingt, die meine Lebensqualität erheblich beeinträchtigen. Ich habe Angst vor dem Kind, weil es mir viel stehlen wird. Weil es eine Million neue Tabus geben wird, die wir nicht einreißen können, weil wir so beschädigt sind, wie wir sind. Weil es unser im Alltag getrenntes Leben nicht ändert, sondern nur gründlich beschwert. Weil ich zu schwach und zu unsouverän bin, dieses Gewicht zu tragen, und weil ich ein zu gutes Gedächtnis habe.

Helmut, mein Helmut, weine ich an diesem Sommertag in unserer Mühle auf dem fernen Stern, weißt du nicht, dass die von dir ausgedachte Konstruktion, das Kind soll Kind von geschiedenen Eltern werden, mich erneut in die Besenkammer stellt. Dass du mich damit zwingst anzuerkennen, dass ihr, die Frau und du, einmal verheiratet wart. Dass du dich sehenden Auges in eine lebenslange Bindung stürzt, die für mich zu groß ist, als dass ich sie akzeptieren könnte. Wenn du mit der Kindsmutter einmal verheiratet warst und mich jetzt wieder heiraten willst, musst du mich fragen: Maja, willst du mich, mich, Vater eines Säuglings in Tübingen. Aber du hast mich nicht gefragt, du hast schon wieder hinter meinem Rücken Arrangements getroffen. Du willst mich wieder einmal in Verhältnisse zwingen, die ich mir nicht ausgesucht habe, auf die ich wieder einmal nur reagieren kann. Helmut, mein Brautwerber, ich will dich, aber ich will nicht das Kind. Ich will dich nicht mit Kind. Jedenfalls jetzt noch nicht. Vielleicht heilt die Zeit Wunden. Vielleicht kann ich dein Kind akzeptieren, wenn es einen Vater braucht. Wenn es selbst später einen Vater will. Wenn es seine eigene Entscheidung ist und nicht der Wille der Mutter. Wenn es nicht mehr eingesetzt werden kann, in einem Frauenkampf um dich. Wenn es die eigene Entscheidung der Frau geworden ist, das Kind ohne Vater aufzuziehen. Wenn sie das Kind als papiloses Wesen annimmt und dich nicht mehr mit deiner angeblichen Vaterliebe erpressen kann. Dann frage mich noch einmal, Helmut, mein Bräutigam, ob ich dich mit Kind will. Jetzt sage ich nein. Nein, nein und abermals nein.

All das habe ich meinem Mann auf unserer Terrasse erzählt, und es war mir bitterernst. Ich habe kein Machtspiel inszeniert, hunderte Male habe ich darüber nachgedacht. Hätte er an diesem Psychotag gesagt, ich war wahnsinnig in die Frau verknallt, ich habe ihr eine Zukunft für das Kind versprochen, ich habe mich dumm und dämlich gefreut, Vater geworden zu sein, ich freue mich immer noch, dass es da ist und dass ich es bald wieder sehen kann, ich liebe meinen Sohn, und deshalb kannst du mich nur mit meinem Sohn bekommen; ich weiß nicht, was dann passiert wäre. Oder doch, ich weiß es doch. Unser Mühlenleben wäre wirklich zum Anfang vom Ende, zum Abschied von der Ehe geworden. So wie ich es ein paar Stunden zuvor gemeint hatte, als ich mit trockener Muschi und verheulten Augen in Helmuts Armen lag. Helmut hatte gar keine andere Chance, als sich irgendetwas auszudenken, irgendetwas, was mich beruhigte und vielleicht auch ihn.

Er hat sich was ausgedacht, und es hat mich beruhigt. Er hat ein paar Zauberbälle in die Luft geworfen, sie aufgefangen, und ich habe geklatscht. Er werde Claire noch einen Brief nach Marseille schreiben, verspricht er. In diesem Brief werde stehen, dass Claire in Zukunft so leben soll, als ob es ihn nicht gäbe. Dass der Platz an ihrer Seite frei sei und auch der Platz, den er als Vater ihres Kindes besetzen sollte. Er werde diesen Brief schreiben, sagt Helmut, um Claire innerlich frei für einen anderen Mann zu machen. Sie sei attraktiv und charmant, habe ihre sexuelle Anziehungskraft, ohne ihn als Bürde stünden ihr alle Möglichkeiten offen. Sie sei eine Frau, die sich ihre Liebhaber aussuchen könne. Vielleicht, vielleicht, ich hoffe es, agitiert sich Helmut in einen Ausweg, entscheidet sie sich ohne mich für einen Lebensgefährten, der sie heiraten und das Kind adoptieren will. Ich würde mich dann gerne völlig zurückziehen, auf das Kind verzichten. Wenn das Kind ein Mädchen wäre, würde es mir schwerer fallen.

Wenn das Kind ein Mädchen wäre ... Der Satz ist unmoralisch und gemein, aber mir ging es genauso. Wenn das Kind ein Mädchen wäre, Helmuts einzige Tochter, wer weiß, vielleicht hätte ich niemals um ihn gekämpft. Dieser schreckliche Satz ist für mich der Beweis gewesen, dass Helmut sich mir zuliebe wirklich von dem Sohn trennen will. Dass er meine Ängste begriffen hat und vor allem dass unsere Ehe die Kinderkrise nicht aushalten wird. Dieses Geständnis, wenn es ein Mädchen wäre, schien mir glaubwürdiger als jeder andere Satz, den ich von Helmut in den vergangenen Wochen gehört hatte. Mein Mann wird endlich und eindeutig verzichten. Er wird das Kind zwar ein paar Mal im Jahr sehen, weil er neugierig ist und für es bezahlt, aber er wird keine Vaterbeziehung aufbauen. Jedenfalls solange das Kind nicht selbst danach verlangt. Helmut wird frei sein für mich und unser bald geborenes Enkelkind, wir werden Großeltern sein, unbelastet von seiner Vaterliebe und seinen Vatersorgen. Jetzt, so dachte ich, sind wir wieder auf dem Stand, auf dem wir vor ein paar Wochen schon einmal waren. Dass das Kind keine Rolle in seinem Leben spielen soll, dass es ihr Kind ist und nur ihr Kind, und damit basta. Über Wochen war ich misstrauisch geblieben, diesmal war ich es nicht. Ich glaubte ihm, und Helmut glaubte sich selber. Seine Vorstellung, die Frau durch seinen Rückzug freizumachen für einen Lebensgefährten, hielt ich zwar für eine zynische Idee, für einen Rückfall in seinen idiotischen Psychologismus und obendrein für weltfremden Schwachsinn, aber im Prinzip war es mir egal, wie und mit welchen Ausreden er sich von künftigen Familienpflichten freimachte. Für mich war sie eine Rivalin und eine bigotte dazu. Ich wusste, sie ist Katholikin und anscheinend sogar gläubig. Kannte die Katholikin nicht das siebte Gebot? Rosenkranz beten soll sie, bis ihre Knie wund sind. Oder einen eigenen Ehemann finden, Hauptsache, nicht meinen.

Wir haben auch noch eine Weile über unsere verkorkste Ehe geredet und über den von mir nie bedienten Kinderwunsch und dass Helmut ein bedauernswertes Eheopfer ist und ich eine schrecklich anstrengende Neinsagerin bin, aber im Großen und Ganzen war das Kinderthema an diesem Vormittag und Nachmittag in unserer schönen Mühle erschöpft. Vor allem wir waren völlig erschöpft. Helmut schreibt lieber eine Million Sitzungsvorlagen, als sich mit mir über seine Befindlichkeiten auszutauschen, und ich war hässlich und kaputt vor lauter Tränen. Bitte geh mit mir ins Bett, bat Helmut, und zum ersten Mal in meinem Leben habe ich auch aus psychotherapeutischen Gründen mit einem Mann geschlafen. Ich lag unter ihm, und die Lust wollte nicht kommen, aber dann kam sie langsam doch, und wieder weinte ich, diesmal aus Erleichterung und weil ich wusste, wir haben die Mauer eingerissen, alles wird gut, jedenfalls die nächsten Wochen. Man kann aus den verschiedensten Gründen miteinander schlafen, und ein Versprechen, in den nächsten Wochen viel miteinander zu schlafen, ist ein sehr guter Grund.

Wir haben uns in unserem Zelt unter den 1.000 Jahre alten

Redwoods in Kalifornien nicht geliebt, jetzt in der Mühle unter dem krumpligen Pflaumenbaum sehr wohl. Wir haben in Dänemark, Lettland, Russland, China in winzigen Kojen zusammengelegen und in England, Österreich, Ungarn, in der Schweiz, in Italien und Amerika auf den gewaltigsten Kingsize-Betten und haben es nicht getan. Jetzt schliefen wir miteinander auf jeder Matratze, die im Haus vorhanden war. Wir haben uns geliebt, wenn uns das Herz voll war. Wir haben miteinander geschlafen, wenn wir uns vergewissern wollten oder uns gemütlich war. Wir haben miteinander gebumst, wenn es lustig wurde, haben gevögelt, wenn die Vögel sangen, wir haben miteinander gefickt, wenn die Lust fast schmerzte oder wenn wir Lust auf Dramatik hatten. Wir haben die Bank vor dem Haus aus dem Leim geruckelt, viele klebrige Laken gewechselt, wir übten Tantra und Bettakrobatik, wir fanden uns bei Maria Callas oder Leonard Cohen, vor dem Frühstück, nach dem Frühstück, in der gleißenden Sonne, im See von Trasimeno, in der schwärzesten Mühlennacht, wenn wir müde waren oder hellwach, beschwipst oder nüchtern wie ein Antialkoholverein. Und wenn wir es nicht gemacht haben, haben wir von Sex geredet, von dem Kribbeln, von dem nachhaltig ausfüllenden Gefühl da unten, vom Wachsen, Hängen oder Stehen. Ich habe meinen Mann wund geliebt und mich totgelacht, wie er Tinkturen aus der Apotheke auf seine Eichel schmieren musste, ich habe ihn trotzdem provoziert und dann großmütig verzichtet. Er hat mir seine Hände gegeben, seine wunderschönen langen Finger und seine Zunge, seine viel zu kurze, geradezu bemitleidenswert kurze Zunge. Ich habe jeden Zentimeter seines Körpers erforscht und ihm gezeigt, wo es schön für mich ist. Und ein paar Tage bevor unser unverheirateter, komplett asexueller Lieblingsfreund in die Mühle kam, um wie jedes Jahr vierzehn Tage mit uns zu verbringen, übten wir auf unseren verschiedenen Liebeslagern, wie laut ich stöhnen, juchzen, wimmern, schreien darf, damit er uns nicht hört. Vielleicht hat er uns trotzdem gehört.

Es gab in diesen Nachhol-, Voraus- und Jetzt-und-sofort-Tagen Einbrüche. Ich erinnere mich an einen Abend, an dem wir uns – wie fast jeden Abend in der Mühle – vorlasen. Die Literatur, die wir wählten, hatte sich uns ausgesucht. Als wir anfingen, wussten wir nicht, auf was wir uns einließen. Helmut hatte mir gerade den mit dem Büchnerpreis prämierten Roman »Ein hinreißender Schrotthändler« von Arnold Stadler geschenkt, und auf dem übervollen Bücherregal in der Mühle stand seit einem Jahr, noch in Klarsichtfolie eingeschweißt, »Ehespiele«, verfasst von der polnischen Autorin Maria Nurowska. Diese beiden Romane begannen wir uns gegenseitig vorzulesen, im ständigen Wechsel. Er ein Kapitel Schrotthändler, dann ich ein Kapitel Ehespiele und so weiter. Während des Lesens stellte sich heraus, dass beide Geschichten die Bilanz einer jeweils 25-jährigen Ehe zum Inhalt haben. Einmal aus der Perspektive eines Ich-Erzählers und einmal aus der Perspektive einer Ich-Erzählerin. Helmuts Mann ist ein frühpensionierter Geschichtslehrer aus der schwäbischen Provinz, der halb fasziniert, halb widerwillig zusieht, wie seine großstadttuende Ehefrau Gabi dem Schrotthändler verfällt, genau wie allmählich auch er selbst. Der Geschichtslehrer, immer gewohnt, alles vom Mond aus zu betrachten, registriert erstaunt, wie er sich immer mehr auf eine Ehe zu dritt, auf ein Sandwich-Verhältnis, einlässt. Nicht, weil er das so toll findet, sondern weil er zu unentschlossen ist, seine Ehe irgendwie zu ändern. Er ist bequem und ein Aussitzer. Meine Geschichte passt auch. Sie, Daria, wird ins Gefängnis eingeliefert, weil sie ihren Ehemann umgebracht hat. Sie hat ihn erschossen, weil er sie wegen einer anderen Frau verlassen hatte. In den Gesprächen mit der Gefängnispsychologin begreift sie, dass sie 25 Jahre lang versucht hatte, ihre Ehe nur auf einer intellektuellen Übereinkunft zu gründen, die Befriedigung der sexuellen Wünsche aber anderen Frauen überlassen hatte. Eine gefährliche Lektüre. Geh noch ein bisschen üben, hatte ich Helmut vor 25 Jahren empfohlen, und vor 15 Jahren, er solle sich andere Frauen für die Bettarbeit suchen. Daria hat ihren Mann und damit auch sich selbst getötet. Ich werde meinen Mann niemals töten, aber seine Vaterliebe habe ich schon getötet oder werde es tun.

Unser Mühlenleben verändert sich, als Andreij und die Beinaheschwiegertochter Moni mit Sack und Pack ankommen, um in Umbrien die letzten Schwangerschaftswochen zu verbringen. Ihr Kind soll im Oktober/November in Poggibonsi bei Siena geboren werden, dem einzigen Geburtshaus in ganz Mittelitalien. Verglichen mit unseren Schwierigkeiten sind ihre permanenten Beziehungskrisen ein Witz, aber die beiden stehen am Anfang eines gemeinsamen Lebens, und wir haben dreiviertel schon hinter uns. Moni liebt Andreij, aber ihr Selbstbewusstsein ist unterentwickelt, also stellt sie ihn bei jeder Gelegenheit auf die Probe, kramt ständig monatealte Verletzungen hervor und weiß sich dann nur mit Drohungen zu helfen. Anschließend ist sie unglücklich, aber sie schafft den Weg zurück nicht mehr. Ein wenig ist Moni wie ich, und Andreij deutlich der Sohn seines Vaters. Während sie sich mit Problemen herumschlägt, nächtelang deshalb nicht schlafen kann, am Tag logischerweise übermüdet und überempfindlich das Gras wachsen hört, hasst Andreij Probleme, Beziehungskrisen, Beziehungsgespräche, Psychogelaber, Streit sowieso und geht allem aus dem Weg. Immer will er alles ausgleichen, immer berücksichtigt er alle Seiten, viel zu viel kehrt er unter den Teppich, und der Spruch Schwamm drüber ist ihm auch nicht fremd. Er ist, wie sein Vater, ein Sowohl-als-auch-Mann und Moni eine Entweder-oder-Frau. So rumst es zwischen den beiden oft, und wir sehen uns das besorgt an. Mein Gott, merken die beiden nicht, dass sie drauf und dran sind, sich schon den Anfang zu verderben?

Das ist die eine Geschichte, die wir beide sehen. Die andere Geschichte sehe nur ich. Ich sehe Andreijs Hände auf Monis Bauch, und mir schmerzt das Herz. Ich sehe, wie Andreij Moni aufmerksam Leckereien bringt, wie er den Stramplern in ihrem Leib nachhört, wie gut er informiert ist über alle Geheimnisse ihrer Schwangerschaft, wie selbstverständlich er von »unserem« Baby spricht, wie er lacht, wenn Moni ihm Babyjäckchen und Mützchen zeigt, wie besorgt er Moni umarmt, wenn sie stolpert, und wie schnell er zur Stelle ist, wenn sie etwas zu tragen hat. Ich beobachte Andreij und sehe Helmut in ihm. Ich beobachte Moni mit ihrer Lust, ununterbrochen über das Baby zu reden, und sehe Claire in ihr. Vor meinen Sohn und vor meine Beinaheschwiegertochter schiebt sich das Bild meines Mannes und seiner Geliebten, wie sie in ihrer Tübinger Liebenslaube sitzen und sich auf das neue Leben freuen. In diesen Tagen bin ich oft alleine spazieren gegangen, wie kann ich die beiden mit meiner Traurigkeit belasten. Und in den Nächten schwand meine Leidenschaft. Ich glaube nicht, dass Helmut ähnliche Bilder gesehen hat, und wenn doch, dann hat er sie unter den Teppich gekehrt und Schwamm drüber gedacht.

Andreijs und Monis gemeinsames Warten auf das Kind macht Helmuts Kind schrecklich präsent. In Monis Bauch wächst die Tante oder der Onkel von Helmuts Sohn. In ein paar Wochen wird der/die Onkel-Tante geboren und der Neffe dann ungefähr acht Monate alt sein. Wenn ich Helmut nicht leiden könnte, würde ich darüber lachen. Aber ich kann ihn gut leiden, und deshalb habe ich keinen Humor. Wie wird es sein, wenn das Kind geboren ist und Helmut es auf dem Arm hält? Wird er sich dann erinnern, wie er vor acht Monaten sein eigenes Kind auf dem Arm gehalten hat? Vielleicht sogar nach Ähnlichkeiten suchen? Und wird sich, wenn ich Helmut mit seinem Enkelbaby auf dem Arm sehe, das Bild von Helmut und seinem Sohn dazwischenschieben? In diesen Tagen weiß ich genau, warum ich sein Kind aus unserem Leben herausexpedieren muss. Ich frage Helmut, ob er seinen Brief nach Marseille geschrieben hat, und er sagt, nein. Er sagt, er habe es erst vergessen und dann beschlossen, auf seine Weise zu reagieren. Er habe beschlossen, sich tot zu stellen, kein Brief, keine Postkarte, kein Telefonat, überhaupt nichts. Eine Null-Reaktion ist auch eine Reaktion, sagt er.

Seine Null-Reaktion erschreckt mich. Das ist keine Reaktion, sondern Missachtung. Vor hundert Jahren hat mein Vater einmal ähnlich reagiert. Er war mit seiner Verlobten vor einem Kasernentor im so genannten Warthegau verabredet, erschien aber nicht, weil er sich in meine Mutter verliebt hatte. Die Verlobte wartete und wartete auf eine Erklärung, aber die kam niemals. Etwa 15 Jahre später sahen sich die beiden wieder in einem westdeutschen Flüchtlingslager. Er mit drei, sie mit vier Kindern, sie hatte seinen Freund geheiratet, mit dem sie jetzt nach Kanada auswandern wollte. Ich habe Helmut diese Geschichte einmal erzählt, und er sagte, das Totstellen sei eine sehr männliche Art, Probleme lösen zu wollen. Jetzt hat er auch sehr männlich reagiert, aber ich warne ihn. Die Frau wird sich rächen, sie wird in ganz Tübingen herumerzählen, was für ein gemeiner Kerl du bist. Du wirst in Teufels Küche kommen. Du weißt nicht, zu was beleidigte Frauen alles fähig sind. Es sei schlimmer, eine Frau zu missachten, als mit offenem Visier zu kämpfen. Nein, meint Helmut, sie wird schweigen, in ihrem eigenen Interesse.

Auf der einen Seite glaube ich, dass Helmut sich tot stellen will, um so auf angeblich männliche Weise Fakten zu schaffen, auf der anderen Seite fange ich wieder an, ihm zu misstrauen. Vielleicht will er mich nur hinhalten, Italien genießen und mich ebenfalls. Vielleicht denkt er überhaupt nicht daran, sich von dem Kind zu trennen? Vielleicht will er die Frage, wie er sich zum Kind verhalten soll, allein der Mutter überlassen? Wenn sie ihn noch als Vater will, erstaunlich, aber o.k., wenn sie ihn nicht mehr will, verständlich, aber auch o.k. Nein, Helmut, du kannst nicht ewig Spielball sein, immer und ewig nur auf Druck reagieren, denke ich. Wenn ich drücke, weichst du, wenn sie drückt, kommst du. Das wird ein ewiges Geziehe. Wenn du nicht mit offenem Visier kämpfen willst, dann werde ich es tun. Ich werde der Frau den Brief schreiben, den Brief, den Helmut eigentlich schreiben müsste. Ich werde es tun, um Fakten zu schaffen. Wenn er mich wirklich liebt, dann wird er sich von diesem Brief nicht distanzieren können. Ich werde der Frau nur von meinem Gefühlen schreiben, nur das, was ich Helmut x-mal gesagt habe, was er weiß und hoffentlich begriffen hat. Kein Wort werde ich über seine Hoffnung sagen, sie möge einen Mann finden, der das Kind adoptieren will. Ich will ihn nicht denunzieren, nur meine Interessen auf den Tisch legen.

An diesem Brief habe ich in der Mühle eine Woche lang herumgefeilt. Helmut saß ebenfalls mit seinem Laptop unter dem Pflaumenbaum und freute sich, dass ich endlich intensiv an meinem Buch arbeitete. Als ich fast fertig mit dem Feilen an meinem zweiseitigen Briefchen war, habe ich ihn der werdenden Mutter Moni zur Kontrolle gegeben. Sie hat ein paar Kommafehler herausredigiert und dann gesagt, wenn sie unter den gegebenen Umständen solch einen Brief bekommen würde, dann würde sie sich wenigstens ernst genommen fühlen. Er sei an Eindeutigkeit schwer zu übertreffen, aber überaus mutig und ehrlich. Sie bewundere, dass ich Claire mit keinem einzigen Wort Vorwürfe machte, obwohl sie doch für das, was zwischen Helmut und ihr geschehen sei, mindestens die gleiche Verantwortung trage wie er.

Diesen Brief habe ich etwa dreihundertmal gelesen und erst zwei Wochen später abgeschickt, auf dem Weg nach Barcelona, auf dem Flughafen in Berlin. Ich habe Helmut gesagt, dass ich ihr geschrieben habe, und über einen Monat später habe ich den Text für ihn aus dem Computer geholt. Auch er fand den Brief ehrlich, was immer er damit auch gemeint haben mag. Damals konnten wir beide noch nicht wissen, dass er die Lage nur radikal verschlimmern, dass sie ihn als scharfe Munition in ihrem Kampf um den Kindsvater benutzen würde. Ich würde ihn gerne ungeschehen machen, meine merkwürdige Offenheit war einer der dümmsten Fehler, die ich mir in Helmuts Beziehungsdrama geleistet habe. Niemals hätte ich mich einmischen dürfen, jedenfalls nicht so. Sie ist doch nicht unsere Geliebte, wie in dem blöden Witz aus Odessa.

Ich habe Claire unser Ehedrama geschildert, wie schwer die Hypothek Kind und dass sie nicht zu tragen sei, wenn Helmut sein zweigeteiltes Leben fortführe. Dass ich genau wisse, dass auch sie bitter enttäuscht worden sei, sie aber seine Verhältnisse gekannt habe, ich hingegen nicht. *Die einzige Möglichkeit, die ich für mich sehe, mit Helmut weiterleben zu können*, schrieb ich ihr, *ist für Sie grausam. Ich möchte nicht nur Helmuts vollständige Trennung von Ihnen, sondern auch von dem Sohn. Ich möchte keine Gegebenheiten, in denen ein Pflänzchen Zukunft wachsen kann, keinen Zustand, in dem ich in Tübingen unerwünscht bin, weil das erste Zähnchen, der erste Schritt, das erste Wort, eine Krankheit überstanden werden muss oder Freuden geteilt werden wollen. Ich will diese ganzen familiären Vertraulichkeiten, diese Vater-Mutter-Kind-Intimitäten und -Bindungen nicht ertragen. Ich möchte, dass Helmuts Beziehungen zu Ihrem Kind mit der – wenn Sie es wünschen – formalen Vaterschaftsanerkennung und den Unterhaltszahlungen enden, denn dies ist Ihr Recht. Eine Vater-Sohn-Liebe, die erst hergestellt, dann gepflegt werden will, möchte ich an Helmuts Seite nicht begleiten. All dies braucht nicht immer so zu bleiben, angeblich vereinfachen sich die Dinge ja im Laufe der Zeit. Vielleicht ist es mir in ein paar Jahren möglich, damit zu leben, dass Helmut einen Sohn hat, der ihn eventuell als Vater braucht. Jetzt, wo die Wunde noch sehr schmerzt, kann ich es nicht, jetzt bin ich noch wie eine Bärin, die ihre Rivalin samt Jungem wegbeißen will.* Im Brief stand noch viel mehr, denn ich habe ihr nicht verschwiegen, dass ich Helmuts Machostolz, seine Neugier, ein mir fremdes Gefühlsleben fürchte und dass mich Helmuts Vaterschaft zu einer alten Frau gemacht hat. Meine zwei Seiten enden mit den Sätzen, *dass ich für Sie und für mich hoffe, dass die Bitterkeit allmählich weicht und dass wir beide ein Leben führen können, von dem wir einmal sagen können, es habe sich gelohnt. Trotzdem. Aber ich will, dass Sie und Ihr Kind auf einem Weg gehen und Helmut und ich auf einem anderen. Dafür werde ich streiten.*

Italien ist vorbei, Zwischenstopp in Tübingen. Ich bin überzeugt, dass die Frau ihren Briefen von Juni und Juli Briefe im August hat folgen lassen, einschließlich neuen entzückenden Kinderfotos. Aber dem ist nicht so. Auch Helmut scheint erleichtert. Ein paar Tage sind wir gemeinsam in Berlin, dann Helmut zu Amtsgeschäften alleine in Tübingen, und Mitte September fliegen wir für fünf Tage nach Spanien. Zum zweiten Mal in meinem Professorengattinleben begleite ich ihn zu einer Konferenz, bin Reisegepäck. Am Anfang fürchte ich mich ein wenig vor seinen zahlreich anwesenden Tübinger Kollegenfreunden, fürchte Gespräche über den geheimnisvollen Claire-Kindsvater, aber sie wird niemals auch nur mit einer Silbe erwähnt. So kann ich Barcelona trotz Regen genießen, und in der Nacht Helmut auf unserem schmalen Gitterbett im Kloster.

In diesem September und auch in den Oktobertagen in Berlin leben wir fast normal miteinander. Lieb und zärtlich sind wir auch früher zueinander gewesen, nur die sexuelle Frequenz ist von fünf auf hundert. In der Liebe wissen wir inzwischen, was uns am besten gefällt, und ab und zu sind wir einfach viel zu müde, um uns anstrengen zu wollen. Ich fange tatsächlich wieder an, an meinem Buch zu arbeiten, und lege dreißig Seiten hin, ohne dabei zu sterben. Auch für andere liegen gebliebene Manuskripte habe ich wieder Nerven, kann meine vor zwölf Jahren geschriebenen Aufsätze über einen amerikanischen Konzern im Nazideutschland für eine amerikanische Buchausgabe erweitern und aktualisieren. Es sieht alles ganz gut aus, aber ich weiß, die Uhr läuft. Mitte Oktober beginnt das Wintersemester, spätestens zu diesem Zeitpunkt wird die Frau samt Kind wieder in Tübingen wohnen, einen Kilometer von ihm entfernt. Helmut stellt sich immer noch tot, das kann und wird nicht gut gehen, weiß ich, hoffe aber auf ein Wunder.

Vier Tage nach Helmuts Ankunft in Tübingen ist es mit dem Wunderhoffen vorbei, ich höre an seiner Stimme, dass etwas vorgefallen sein muss. Sie ist leicht zittrig und gleichzeitig auf bemühte Weise bestimmt. Gestern Abend, erzählt er, stand Claire mit Kind plötzlich vor seiner Tür. Sie habe eine schreckliche Szene gemacht und ihn beschuldigt, die Vaterschaft nicht anerkennen zu wollen, sich für das Kind nicht zu interessieren, ihm nicht einmal eine Rassel geschickt zu haben. Derweil habe sie mit einem Blutsturz krank in Marseille gelegen und die Mutter einen fast tödlichen Herzanfall erlitten. Ihr Auftritt sei höchst unerfreulich gewesen, fasst Helmut die stundenlange Szene unterkühlt zusammen, hörbar erstaunt und erschüttert, dass seine Ex-Geliebte zu Beschimpfungen fähig ist. Sie habe ihm auch meinen Brief um die Ohren gefetzt, beißen kann ich auch und werde es tun, soll sie versprochen haben. Ich weiß nicht, was die Frau alles angedroht hat. Sicher ist nur, dass sie meinen Mann nicht aus der Verantwortung für die Kindererziehung entlassen und dass sie mit ihm ein neues Kinderbettchen kaufen will.

Ich weiß auch nicht, was Helmut alles erwiderte. Wie ich ihn kenne, wird er sein Totstellen zu einer Reaktion auf ihre Weigerung, ihn in Marseille zu sprechen, uminterpretiert haben. Helmut versucht immer, den Schwarzen Peter anderen zuzuschieben, so wie ich ja angeblich auch daran schuld bin, dass er einen Sohn gezeugt hat. Anscheinend, immerhin, hat er aber versucht, ihr die in Italien ausgedachte Kinderonkelbekanntenkonstruktion einzureden, dass er seiner Ehe zuliebe nicht viel mehr als ein Alimentevater sein könne. Dies wird, so stelle ich mir vor, ihre Wut befeuert haben. Wenn sie bis dahin noch keine Furie gewesen ist, wird sie es von diesem Zeitpunkt an gewesen sein. Was geht sie seine lächerliche Ehe an. Er hat sie trotz Ehe geschwängert, dem gemeinsamen Kind trotz Ehe eine gehörige Portion Zuwendung versprochen, jetzt kann er auch trotz Ehe Vater sein und seine Versprechungen halten. Die grauslige Mutter hat sie aufgehetzt, klagt Helmut, nie wollte ich das Kind verleugnen. Die Mutter hat sie sicher nicht aufzuhetzen brauchen, denke ich, die Tochter hat sich für das Kämpfen entschieden, und sie kämpft so, wie sie es am besten kann. Nicht wie eine kluge, sondern wie eine verzweifelte Ex-Geliebte, die maßlos enttäuscht und beleidigt worden ist. Monatelang erzählte ihr Liebhaber, dass er eine Josephsehe führe, und dann betrügt er sie mit der Maria. Das ist schlimmer als eine neue unbekannte Geliebte. Das ist Demütigung pur, sie muss sich benutzt gefühlt haben.

Ich kann sie nicht ausstehen, aber irgendwie verstehe ich sie sogar. Sie hat vermutlich schon seit Wochen versucht, Helmut zu erreichen. Was für eine Entwürdigung. Sie wird mehrmals vor Helmuts Tür gestanden haben. Was für eine Demütigung. Ihr Stolz ist verletzt, ihr Frausein mit Füßen getreten, das mobilisiert unbekannte Kräfte. Mein Jammerbrief an sie, ich könne mit Helmut nicht leben, wenn er die Vaterschaft pflege, ist geradezu eine Einladung, jetzt erst recht im Namen des Kindes die Waffen zu schärfen. Helmut, dieser Tropf, dieser ausgewiesene Ovid-Experte, hätte all dies ahnen können, wenn er in seinem vorigen Leben sich auch nur zwei Minuten Gedanken über weibliche Leidenschaft gemacht hätte. Wie konnte er ignorieren, dass seine Geliebte, mit dem Kind an der Brust, sich gute Chancen ausgerechnet hatte, ihn in den Sack zu stecken. Sie wird so vernünftig gewesen sein, ihm dies nicht gerade auf einem Tablett zu servieren, aber gehofft hat sie es. Das ist normal und menschlich. Fraulich sowieso. Sie ist doch keine Märtyrerin. Jetzt schlägt sie zurück, ganz gleich, was noch alles zerschlagen wird. Wenn's die Ehe trifft, um so besser. Wenigstens diese Rache will sie sich gönnen. Die Moral steht auf ihrer Seite. Helmut sitzt im Sumpf, und ich stehe im Regen.

Ich weiß nicht, wie ich mich in einer ähnlichen Situation benommen hätte, ich weiß es wirklich nicht. Nach einer monatelangen Liebesbeziehung mit einem sexuell unterversorgten Mann hätte ich um die Scheidung, wenigstens um eine klare Trennung gekämpft. Aber was, wenn er sich unverständlicherweise nicht scheiden lassen will und ich ihn trotzdem immer noch liebe. Hätte ich mich auf ein Kind eingelassen, hätte ich, wenn die Scheidung schon nicht klappen will, den Versprechungen meines Liebhabers geglaubt. Eher nicht, denke ich, so viel wahnwitziges Selbstbewusstsein habe ich nicht. Hätte ich die Schwangerschaft abbrechen lassen? Wahrscheinlich ja! Auch wenn damit die Beziehung auf eine böse Weise enden könnte? Vielleicht? Vielleicht hätte ich in dieser Situation aber auch all meine Rechenkünste zusammengekratzt und verschiedene Varianten durchgespielt. Variante 1. Mir gelingt es dank Schwangerschaft, die Ehe meines Liebhabers zu ruinieren. Dann muss ich in die Offensive gehen und der Ehefrau das heimliche Verhältnis und seine Folgen so farbenprächtig wie möglich stecken. Dieser Schuss kann nach hinten losgehen, deshalb muss ich es so rechtzeitig tun, dass ich mich immer noch entweder für Abbruch oder Austragung entscheiden kann. Variante 2. Ich entscheide mich für das Kind, weil ich es wirklich und herzlich gerne will, und richte mich auf den Status unverheiratete Mutter ohne Sozialvater ein. Dies ist die beste Lösung und lässt die Zukunft souverän offen. Claire hat Variante 3 gewählt, die mir am fremdesten ist. Sie wollte nie Mutter eines vaterlosen Kindes sein, glaubte ihrem verheirateten Liebhaber wider alle Vernunft, legte ihr Schicksal in seine Hände und hoffte auf bessere Zeiten, mindestens auf einen halbinstitutionalisierten Geliebtenstatus, wie er in romanischen Ländern gang und gäbe ist. Jetzt sind die Hoffnungen perdu, jetzt sitzt sie da mit einem Sohn, jetzt will sie wenigstens für ihn den Vater. Für das Kind nimmt sie alle Demütigungen in Kauf, das wird eine endlose Geschichte. Die Frau ist gefährlich. Die Frau ist unberechenbar. Die Frau ist unglücklich und wird unglücklich bleiben, solange sie sich als Verliererin fühlt.

Helmut, sage ich am Telefon und breite dies gleich anschließend in einem dreiseitigen Fax aus, stell dich darauf ein, dass die Lage schlimm wird. Sie wird dich bei all deinen Freunden als gewissenlosen Verführer verpetzen, sich selbst als schändlich betrogenes und bemitleidenswertes Opfer hinstellen. Mit dieser Geschichte wird sie Erfolg haben, und du bist das Schwein. Du bist das Schwein, denn erst hast du sie in andere Umstände gebracht und dich dann mit deiner Ehefrau davongemacht. Das sind die Fakten. Ich habe mich doch nicht davongemacht, jammert Helmut, ich wollte mit ihr doch in Marseille die Kinderzukunft regeln, und sie hat doch abgesagt. Und warum hast du ihr aus Italien nicht geschrieben? Ein Glück, sagt Helmut, dann hätte sie mich sicher umgebracht.

Und was ist jetzt mit dem Kind, frage ich viel polemischer als gewollt. Hat sie dich weich geklopft, bist du ab morgen Papi? Wirst du dem Druck nachgeben und dich in Erziehungsfragen einarbeiten? Das Kind, sagt Helmut, meinen Ton ignorierend, das Kind hat Probleme. Ich habe keine väterlichen Gefühle gespürt, aber ganz raushalten kann und werde ich mich nicht. Das Kind sieht deformiert aus. Es hat ein riesiges Gesicht, einen platten Hinterkopf, fast einen Wasserkopf, und auf der einen Seite eine auffällige Beule. Es will sich nicht bewegen, liegt am liebsten auf dem Rücken, und wenn man es hinsetzt, fällt es um. Wahrscheinlich ist der Kopf zu schwer. Es ist ein sehr freundliches Kind mit schönen, schwarzen Augen, aber in seiner körperlichen Entwicklung zurück. Geistig scheint es normal zu sein. Ich werde Claire demnächst zu einem Spezialisten in Freiburg begleiten. Sie hat kein Auto.

Das Kind ist deformiert, will sich nicht bewegen? Diese Information ist ein Schock. Diese Nachricht ist die schlimmste, die ich seit Monaten gehört habe. Sie haut mich regelrecht um. Wenn das Kind behindert ist, wird es unendlich viel Pflege brauchen. Ein behindertes Kind ist selbst für die emanzipierteste Mutter der Welt eine Überforderung. Wenn das Kind behindert ist, kann Helmut die Sorge nicht der Frau allein überlassen. Dann wird dieses Kind Teil seines Alltags in Tübingen werden. Es wird kein putziges, niedliches, süßes Babylein sein, das sich Helmut um unserer Ehe willen aus dem Herzen reißt, sondern eine echte soziale Verpflichtung. Er wird mit der Mutter permanent zu tun haben. Notgedrungen. Arztbesuche noch und noch, Kinderklinik, Bewegungstherapie, später psychische Betreuung, sollte es unter der Behinderung auch seelisch leiden. Irgendwann wird es in einen Kindergarten kommen, und Kinder sind grausam. Spätestens die in der Schule. Es wird nicht nur Alimente kosten, sondern weiß der Himmel was noch alles. Helmut wird sich einer aktiven Vaterschaft nicht entziehen können, dafür wird Claire schon sorgen und alle ihre Freunde auch.

Und was ist mit mir und meinen Ängsten? Ich weiß es nicht. Ich habe keinen Schimmer. Nie im Leben habe ich an die Möglichkeit gedacht, dass Helmuts Kind behindert sein könnte. Wozu gibt es denn die ganzen Vorsorgeuntersuchungen? Erst recht für Spätgebärende! Ein behindertes Kind ist keine Konkurrenz zum Enkel. Das ist ein zynisches Argument, aber trotzdem wahr. Aber ein behindertes Kind wird Helmuts Zeit beanspruchen. Die Zeit, die er für mich haben sollte, die Zeit, die er selbst für mich kaum hat. Ein behindertes Kind wird seinen Kopf besetzen, das Mitgefühl sein Herz. Helmut ist ein Verdrängungskünstler, aber kein Verdrängungsweltmeister, und ein netter Mensch ist er auch. Gegen ein behindertes Kind kann ich meine Ehesorgen nicht auffahren, gegen einen Wasserkopf sind sie banal. Eine Sekunde lang denke ich, dieses Kind ist die Rache der Natur, aber dann schäme ich mich, so gedacht zu haben. Das Kind ist nicht mein Feind. Es kann nichts für seine hirnrissigen Eltern. Auch ohne eine Behinderung wird es ein schweres Leben haben. Es ist ein armes Würmchen, geboren, weil ich keine zehn Kinder wollte. Werde ich jetzt zu einem guten Menschen? Zwingt mich die Missbildung des Babys, ein guter Mensch zu werden? Ihm wenigstens den Vater zu gönnen, wenn es schon keinen Hinterkopf hat? In dieser Nacht liege ich wieder einmal wach, sortiere all meine Ängste und schreibe am Morgen meiner Irrenanstaltsschwester Cathrin wieder einmal einen verheulten Brief. Was soll ich tun, was ist überhaupt zu tun? Mich komplett raushalten, wird sie später antworten. Ich solle mich ab sofort ausschließlich um meine eigenen Angelegenheiten kümmern und Helmut sich um seine. Er hat die Geschichte an die Wand gefahren, nicht ich. Wenn ich dies nicht ertragen könne, nicht lerne zu ertragen, dass es da einen zweiten Sohn gibt – sie selbst könnte es nicht –, dann sei die Trennung unvermeidlich. Ich habe ihre Ratschläge wieder einmal ignoriert.

Wer sagt eigentlich, dass das Kind wirklich behindert ist? Kinderärzte? Der gesunde Menschenverstand? Auch

Helmut hatte als Baby einen gewaltigen Kopf, und einen wohlgeformten runden Hinterkopf hat er bis heute nicht. Angeblich soll er erst mit vier Jahren alleine aus dem Kinderbettchen gekrabbelt sein. Sportlich war er immer eine Null, und sein Gang sieht heute immer noch so aus, als habe ihn jemand geschüttelt und anschließend auf die Strecke gesetzt. Wenn man ganz genau hinschaut, hinkt er ein wenig. Irgendwo fehlt ihm auch eine Rippe, und der Hals ist verhärtet. Er kann seinen Kopf weder nach rechts, noch nach links weit drehen. Das ist aber nur beim rückwärts Einparken ein Problem und beim Küssen manchmal. Helmut hat sich verewigt, das ist die Behinderung. Er hat die ersten Jahre seines Lebens bei den Großeltern gelebt, der Vater saß in britischer Gefangenschaft, die Mutter im amerikanischen Internierungslager. Die Großeltern haben Klein-Helmutchen so behandelt, wie sie es gewohnt waren. Immer flach auf den Rücken legen, damit es nicht erstickt. Da wird nach einem Jahr selbst der allerschönste Hinterkopf zur Scheibe, und die Ohren stehen ab. Hat die Kindsmutter, die dumme Nuss, ihr Klein-Helmutchen auch immer nur auf den Rücken gelegt?

Am Wochenende treffe ich Helmut in Darmstadt. Er hat eine Konferenz in Wien vorzeitig verlassen, um mich zu einem Ball zu begleiten. Der Ball mit unseren baltischen Freunden ist ganz nett, aber nicht wichtig. Wir fahren nach Eberstadt, um seinen Vater im Pflegeheim zu besuchen, nach einer Stunde entlässt er uns, völlig überanstrengt. In der Straßenbahn reden wir über das Kind und über die Behinderung und wie es werden soll. Er weiß es nicht. Ich weiß es erst recht nicht. Er weiß, wenn das Kind behindert ist, wird er sich sein ganzes Leben lang vorwerfen, nicht alles Vatermögliche getan zu haben. Ich weiß, dass er es tun wird, es gibt keinen kinderlosen Ausweg mehr. Es gibt nur noch einen winzigen Aufschub. Ich bin schrecklich deprimiert, Helmut ist schrecklich deprimiert, und so verabschieden wir uns auf dem Bahnhof in Frankfurt, jeder auf seinem Weg.

In Tübingen erwartet ihn sein Golgatha, er erzählt es mir einen Tag später. Er hatte sich mit seinen Kollegen-Freunden verabredet, wollte sich die ganze Geliebten-Kinder-Ehegeschichte vom Herzen reden, wollte damit auch Claires Version zuvorkommen. Die Kollegenfreunde, ein Orientalistenpaar, sind eigentlich richtige Freunde. Vor 15 Jahren, als Helmut einmal zwei Semester lang Wanderprofessor in Tübingen gewesen war, hatte er bei ihnen im Keller gewohnt. Seitdem besteht ein sehr enges und herzliches Verhältnis, ein wenig getrübt, weil er in den letzten 18 Monaten sehr wenig Zeit für sie hatte. Sie wussten ja nicht weshalb, hatten keine Ahnung von seinem Liebesleben mit ihrer Freundin, und erst recht nichts von meinem Theater in Berlin. Auch ich mag die beiden sehr, es sind kluge und witzige Menschen.

Zu diesen Freunden ging Helmut, aber Claire war schon da gewesen. Sie hatte den Boden bereitet, und der war jetzt brandheiß. Sie haben mir fürchterlich zugesetzt, erzählt mir Helmut am Telefon, ein so hartes Gespräch habe ich noch nie in meinem Leben geführt. Wenn unsere Ehe auf dem humanitären Verbot, sich um das Kind zu kümmern, beruhe, sei sie nicht viel wert, hätten sie gesagt. Unsere Ehe sei eine Zweiersekte, ich, Maja, wolle das Kind wegbeißen, unfassbar, und er lasse sich darauf ein. Dann hätten sie ihn eingemacht. Wie grausam, brutal und unmenschlich er Claire behandelt habe. Dass es eine unverzeihliche Gemeinheit gewesen sei, sich von ihr einen Monat nach der Niederkunft zu trennen. Dass es seine Schuld sei, dass sie krank geworden, die Mutter fast gestorben wäre. Dass er Verpflichtungen auch ihr gegenüber habe. Dass es seine menschliche, soziale, christliche usw. Aufgabe sei, dem Kind ein liebevoller Vater zu werden. Dass er in ihr Haus nicht mehr zu kommen brauche, wenn er sich als moralischer Mensch so demontiere.

Es hat viel Schärfe gegeben an diesem Abend, schrieb mir Helmut. *Ich habe Esther angeschrien, sie wolle mir aufdrängen, ich solle mich lieber für das kleine liebenswerte Kind entscheiden als für die alternde Frau. Aber ich habe mich entschieden, für die alternde Frau und gegen das kleine herzige Kind. Ja, das habe ich getan. Aber es ist im Grunde eine idiotische Alternative. Dieses kleine Kind verdient viel eher Dein Mitleid als Deinen Hass.*

Helmut, mein Helmut. Ich hasse nicht das Kind. Ich hasse die Zustände, in die du mit Kind geraten bist und aus denen du in Tübingen nicht mehr herauskommen wirst. Ich hasse die Zustände, die uns auffressen werden.

Dieser Abend muss wirklich schlimm gewesen sein, viel schlimmer als meine Wieso-weshalb-warum-Staatsanwaltschaftstage in Berlin. Sie haben nicht geflennt und gejammert, sich einlullen lassen, sondern Helmut in den Erklärungsnotstand getrieben. Unter dem Eindruck dieses Schlachtefests schreibt er mir einen Brief, den zweiten und letzten, den ich von ihm in diesem Ehedrama bis heute erhielt. Ich habe ihn dutzende Male gelesen. Die ersten drei Male weinte ich aus Verzweiflung, heute muss ich immer noch schlucken, aber ich weiß, auch in diesem Brief hat er seine Beziehung zu Claire in die Tiefgarage geredet und das Kind zu einem Nebenproblem. Der Brief ist ehrlich gemeint, aber er ist es nicht ganz. Will er mich immer noch schonen? Ich kann nicht glauben, dass er Claire einen so lächerlichen Platz in seinem Doppelleben zugewiesen hat. Er liebt doch die Frauen, er verachtet sie doch nicht. Seine konzentrierte Aufmerksamkeit, seine Bereitschaft, auf alle ihre Problemchen einzusteigen und mit ihnen Projektchen zu schmieden, seine ständige Botschaft, du schöne Frau vor meiner Nase bist die wichtigste der Welt, macht ihn für

Frauen ja gerade so begehrenswert. Das soll nur Kompensierertum sein? Nein, das ist sein Wesen! Das hat ihm auch das Kind eingebracht. Das ist auch ein Projekt. Ein ganz besonders tolles Projekt, geradezu ein Sonderforschungsbereich. Vernünftige Gründe gegen ein gemeinsames Kind hätten ihn als Triebtierchen entlarvt. Nein, solche aberwitzigen Entschuldigungen müssen nur Ehefrauen aushalten, niemals eine Triebbefriedigerin. Aber was ändert die ganze Wahrheit? Für meinen Mann war es immer wichtiger, was er an Stelle der ganzen Wahrheit sagt. In diesem Punkt ist er ganz modern. Flexibel und innovativ. Diese Botschaft jedenfalls habe ich begriffen.

Du lässt in Deiner Bitterkeit immer wieder denselben Film ablaufen: Wie Du mich Schritt für Schritt enttarnt hast, und jedes Mal war es schlimmer, als ich bis dahin zugegeben hatte. Ich wollte Dich schonen und mich schonen, aber es war objektiv schäbig und halbherzig und feige. Das sehe ich ein. Und kann es nicht begreifen, wie ich meinte, den Überblick behalten zu können, und hatte mich doch restlos verheddert. Und da hast Du diesen wunderbaren Befreiungsschlag gemacht, hast alles Kleinliche und Bittere beiseite geschoben und Liebe, Verletzlichkeit und Offenheit gezeigt. Wo ich längst, ohne es recht einzugestehen, resigniert hatte, mich mit einem geteilten Leben und Tabuzonen eingerichtet hatte. Ja. Ich hatte mich damit eingerichtet und damit abgefunden, mit Dir weiterzuleben bis zum Ende, bis zu dem verdammten Stützgriff an der Badewanne. Ohne Hoffnung auf Leidenschaft, aber in der starken Übereinstimmung im großen Ganzen. Weil ich Dich immer bewundert habe, Deine Fähigkeit zum großen stürmischen Auftritt, Deine Gradheit, Dein Temperament, Deine schönen Beine. Nur dass ich mir immer sagen musste, mir eingeredet habe, dass all Deine wunderbaren Eigenschaften da waren, aber nicht für mich als Mann, als Macho-Mann da waren. Oder höchstens in homöopathischer Dosierung. Das habe ich wirklich geglaubt und mich damit ein-

gerichtet, aus Feigheit und Bequemlichkeit, und nie radikal dagegen den Aufstand probiert, aus Angst, Dich dann zu verlieren. Weil ich Dich lieber zu 70 Prozent haben wollte als gar nicht.

Und über dieser Geschichte des Kompromisslertums läuft in mir ein anderer Film ab, immer wieder. Er ist etwas länger als Deiner, will begreiflich machen, wie es zu der Spaltung hat kommen können. Er setzt ein nach meiner Herzoperation, mit dem vermaledeiten Film über unsere Fernbeziehung. Ich habe mich darin zum Affen gemacht, das heißt, habe gesehen, dass ich einer war. Und wollte es mir nicht eingestehen. Die Perspektive der nächsten Jahrzehnte bis zum Stützgriff an der Badewanne: die Wochen und Wochen des Provinztrottels in der Provinz, mit Wochenendausflügen in die Hauptstadt mit meiner Hauptstadtfrau, der hinreißenden Hauptstadtfrau. Die meine Nähe suchte und brauchte. Aber doch nicht so sehr, dass ihr ihr Leben in der Hauptstadt nicht wichtiger gewesen wäre. Ich hatte zu wenig Anziehungskraft. Das habe ich eingesehen und mich damit abgefunden. Nicht die Kraft gefunden, es zu ändern. Und dann habe ich darüber hinweggeschaut. Du hast auch weggeschaut. »Ich will die Sicherheit, dass ich die Nummer eins bin. Sonst will ich nichts wissen.« Das waren Deine Worte. Nicht nur einmal. Immer wieder. Und immer überzeugend. Ich habe mich auf kleine Kompensationsgeschäfte verlegt, weil ich Dich nicht ganz haben konnte, nehme ich an. Und Du hast weggeschaut. Konntest Dir meiner sicher sein. Niemals, keinen Augenblick lang habe ich daran gedacht, eine Alternative zu Dir und zum Leben mit Dir aufzubauen. Aber es gab da Freiraum für Fehleinschätzungen. Ich meinte wohl, wir hätten eine so große und abgeklärte Beziehung, dass eine kleine Geschichte, eine Provinzgeschichte, ihr nichts anhaben könne. Die Geschichte mit dem Kind ist zu groß geworden, und ich war im Wahn, sie bleibe unbedeutend, weil sie Provinz sei. Provinz ist nie bedrohlich, sie ist lächerlich. Die Spaltung ging mitten durch mich hindurch.

Zur einen Hälfte war ich arroganter Hauptstädter, mit Dir verheiratet, mit der stolzen Hauptfrau. Und zur anderen Hälfte der Provinz-Funktionär, der Provinz-Tausendsassa, der sich in Aktivitäten betäubt und berauscht und aufbläst. Und zur Belohnung kommt die Hauptstadtfrau bei der Gelegenheit von kleinen Großereignissen manchmal angereist. Das war das Klischee, das sich in mir festgefressen hat. Ich weiß, Du findest das blöd und eine Schutzbehauptung. Aber auch Klischees haben ihre Kraft. Ich bin heilfroh, dass es zerbrochen ist. Und ich schäme mich, weil so viel anderes mit zerbrochen ist.

Stützgriffe an der Badewanne, der vermaledeite Film. Oh Gott. Ich habe Helmut nie als Affen gesehen, keine Sekunde lang. Der Film, vor etwa acht Jahren, klingelte durch alle Dritten Programme, war Teil einer sechsteiligen Serie über ungewöhnliche Liebesgeschichten. Unsere schien beschreibenswert, weil wir seit 17 Jahren getrennt lebten und arbeiteten, uns aber immer noch mochten. Unser Problem war damals ganz aktuell, weil nach dem Mauerfall unendlich viele Ostler zwangsweise im Westen arbeiteten und umgekehrt. Unsere Liebesgeschichte war sozusagen eine kleine, mit Buster Keaton kulturell aufgepeppte Lebenshilfe aus der Ratgeberkiste: Wie bewältige ich meinen Alltag? Ich übernahm den Part, eine Fernehe ganz attraktiv zu finden. Nicht aus dramaturgischen Gründen, sondern weil ich tatsächlich lieber auf eigene Kappe eine Fernehe führte, als Helmut zu den jeweiligen Arbeitsplätzen zu begleiten. Das Unglück war, dass es ihm zur Zeit der Dreharbeiten schlecht ging. Er war gerade aus dem Krankenhaus gekommen. Eine Herzoperation ist kein Beinbruch, sondern ein hochgradig emotional besetzter Eingriff in das Leben. In diesen Tagen reflektierte er ununterbrochen seine Vergangenheit, und bleich und schwach, wie er noch war, nicht sonderlich selbstbewusst. Dies zeigte der Film, aber nicht weshalb. Helmut sah sich als Mitleid erregenden Provinztrottel, während ich mit Rotweinglas und Zigarette Berlin, die Zeitung, mein Engagement für dies und das und überhaupt alles ganz toll fand. Kurz vor dem Abspann fragten die Filmleute, wie ich mir die Zukunft vorstelle. Und da habe ich diesen verdammten Satz gesagt, ich freue mich schon auf Helmuts Pensionierung. Dann würden wir endlich gemeinsam in Berlin leben, glücklich und zufrieden bis zu den Stützgriffen an der Badewanne. Ich hatte das ironisch gemeint, eigentlich hatte ich gemeint, ich liebe Helmut, selbst wenn er und ich Stützgriffe brauchen, aber dies hätte so pathetisch geklungen, obwohl es die Wahrheit gewesen wäre. Helmut hat diesen Satz immer so verstanden: no Sex bis zur Stützgriffzeit. Ein fundamentales Missverständnis, aber eigentlich auch wieder nicht.

Den Ehefilm hatten auch Helmuts Freunde in Tübingen gesehen. Darunter eine kluge Schauspielerin, seit dreißig Jahren verheiratet mit einem Mann, den sie hundertprozentig seit 25 Jahren in die Tasche steckt. Getrennte Schlafzimmer haben die beiden schon ewig, und wenn der Machospruch, die sieht ungefickt aus, auf jemanden zutrifft, dann tausendprozentig auf sie. Diese hochsensible und mit Sicherheit sexuell frustrierte Ehefrau eines mit Sicherheit sexuell frustrierten Ehemanns bedauerte Helmut damals. Sie bestärkte ihn in seiner Einschätzung, eine ganz jämmerliche Figur abgegeben zu haben. Auf sie berief er sich stets, wenn ich gegen seine Interpretation zu Felde ritt: Starke Frau wringt Waschlappen aus. Überhaupt polarisierte dieser Film, und mit Helmuts Schwester hatte ich es mir seitdem auch verdorben.

Diese getrennt schlafende Schauspielerin ist ebenfalls mit Claire befreundet. Wie auch nicht, alle Freunde von Helmut sind es, er hat ja auf vertrautem Terrain gewildert. Auch sie meinte, ihm die Leviten lesen zu müssen, nachdem Claire sich bei ihr ausgeheult hatte. Den Brief, den sie Helmut in diesen Tübinger Empörungstagen Anfang November schrieb, hat er mir nie gezeigt, er muss dramatisch sein und vor Selbstgerechtigkeit nur so triefen. Helmut hat mir den Tenor angedeutet, der lautet ungefähr so, dass er seiner Geliebten den Himmel auf Erden und dem Kind alle Liebe der Welt versprochen habe. Und mitten in diesem Glück habe er sich plötzlich und völlig unerwartet wieder in seine machtgeile Frau verliebt und die Geliebte und das gemeinsame Kind auf dem Altar seiner neuen Eheliebe geopfert. Von dem kleinen, unschuldigen, süßen Kindchen wolle er jetzt nichts mehr wissen, weil ich es wegbeißen wolle. Und weil er, der erbärmliche Waschlappen und gewissenlose Verführer einer wunderbaren Frau, sich dieser Unmenschlichkeit füge, brauche er in ihr Haus auch nicht mehr zu kommen.

Vielleicht ist diese Zusammenfassung überspitzt, aber im Prinzip war es so. Keiner der Tübinger Freunde, erst recht nicht die seit dreißig Jahren verheiratete Schauspielerin, versuchte sich auch nur einen Moment und auch nur ansatzweise vorzustellen, wie es mir vielleicht gehen könnte. Wie es ist, wenn man nach 27einhalb Ehejahren und als erwartungsfrohe Großmutter fast zufällig erfährt, dass der geliebte Mann ein Doppelleben geführt und ein Kind in die Welt gesetzt hat, von der die Ehefrau nie etwas erfahren sollte. Offensichtlich ist dies komplett banal und nebensächlich, verglichen mit dem Schicksal einer erwachsenen Frau, die sich wer weiß wie lange auf ein heimliches Verhältnis mit einem verheirateten Mann eingelassen hat, aber jetzt die Folgen beklagt. In Tübingen gilt ausschließlich Claires Sichtweise, sie ist wahr wie die Worte in der Bibel. Wer liebt, hat Recht, und Claire scheint Helmut sehr geliebt zu haben. Aber wieso rät ihr nicht einer ihrer Freunde zu mehr Selbstständigkeit, wieso bestärken alle

Freunde sie in ihrer Opferrolle, in ihrer Abhängigkeit von meinem Mann? Kann sich wirklich niemand vorstellen, dass eine 46einhalb-jährige Frau ein Kind nicht gegen ihren Willen bekommen kann? Oder kenne ich doch nur die halbe Geschichte? Wie groß war Helmuts Engagement wirklich? Hat er mir in Berlin und Italien schon wieder Stuss erzählt?

Noch einmal kratze ich am Abgrund vorbei, weniger panisch allerdings als früher, aber genügend hart, um wieder einmal nicht arbeiten zu können. Ich hatte im September und Oktober tatsächlich geglaubt, alles wird beinahe gut werden, und ich hatte auch viel Grund zu glauben, dass beinahe alles gut wird. Jetzt rächt sich, dass ich den Ratschlag meiner Schwester in den Wind geschossen hatte. Weil ich viel wissen wollte, mich viel zu stark engagierte, erfuhr ich einiges, natürlich von Helmut dreimal gefiltert. Die Reaktion seiner Freunde erschreckt mich, weil es da eine unbekannte Geschichte zu geben scheint, aber auch weil ich bis jetzt ernsthaft geglaubt hatte, sie wären auch meine Freunde. Sogar die kluge Schauspielerin, die ich bewunderte für ihre Fähigkeit zur Abstraktion. Ich fühle mich ungerecht behandelt, in einer höchst dreckigen Art und Weise in Helmuts Kindsaffäre hineingezogen. Die Lesart, Helmut ist kein Schwein, aber jetzt wird er eines, weil ich eins bin, oder ihre Variante, Helmut würde sich ja liebend gerne um das Kind kümmern, aber ich würde ihn dann leider, leider mit der Scheidung bestrafen, verkleinert mein Unglück auf ein schieres Machtspiel. Dies will ich nicht auf mir sitzen lassen, auch nicht Claire die Interpretationshoheit überlassen. Wieder einmal mache ich einen saudummen Fehler, mische mich ein, wo ich die Klappe halten sollte. Meine Kämpfernatur bekommt Oberwasser, und ich schreibe dem Orientalisten-Freundespaar einen Brief. Wie üblich, leidenschaftlich unausgewogen und mit viel zu vielen Kommafehlern. Wie soll man sich in einer solch verfahrenen Geschichte souverän verhalten, frage ich sie, woher die Kraft nehmen, gerecht zu sein? Warum sie Helmut vorwerfen, mit der Frau zu früh gebrochen zu haben, wie lange er denn sein Doppelleben hätte weiterführen sollen? Bis zur Einschulung des Kindes oder bis zum Tod der Großmutter? Ob die Trennung von mir oder die Fortführung des Doppellebens oder vielleicht gar eine ménage à trois anständiger gewesen wäre? Warum sie sich mein Unglück nicht eine Minisekunde lang vorstellen können? Dass ich verdammt noch mal Zeit brauche, meine Gefühle zu ordnen, dass sie bis dahin bitte aufhören sollen, mich als Strippenzieherin zu denunzieren.

Die Antwort der Professorin-Kollegin-Freundin bekomme ich ein paar Tage später. Freundlich im Ton, hart in der Sache, unsensibel in der Wortwahl, unterschrieben mit herzlichst, Deine soundso. *Helmuts zweiter Sohn,* so ihre litaneihafte Insinuation, hätte Anspruch auf seine Liebe, und für sie sehe es nach Helmuts Bericht in ihrer Küche so aus, dass Helmut das Kind liebe, aber ich ihm die *Liebe zu seinem Sohn* verbiete. Mein Verbot, gar unter Androhung der Scheidung, würde, falls Helmut sich mir beuge, ein *Menschenopfer* bedeuten. Dann hätte er *eine Leiche im Keller.* Natürlich verstünde sie, dass ich Zeit brauchte, aber nicht drei Jahre lang, wie Helmut es vorgeschlagen habe. *Die Natur hat die kleinen Kinder so liebenswürdig gemacht, weil für sie die Liebe der Eltern lebenswichtig ist. Gerade die Liebe eines Vaters, der die Gabe hat, liebenswürdig zu sein. Michael ist ein gewinnendes Kind, es sieht Helmut außerordentlich ähnlich. Obwohl ich Helmut gegenwärtig auf den Mond schießen könnte, rührt es mich doch, dass ich in dem Stirnrunzeln des Kindes, manchmal in seinem angestrengten Gesichtsausdruck, das Gesicht des Vaters wiederfinde. Ich kann mir vorstellen, dass Dir das irgendwann auch so gehen könnte. Humor hast Du be-*

stimmt. Oder? Ich kann nicht glauben, dass Helmut sich und Dir und Eurer Beziehung etwas Gutes antäte, wenn er sich weigerte, dieses Kind als Vater zu lieben.

Da haben wir es. Helmut liebt seinen Sohn, also doch! Er hat sich wieder mal als Opfer der Verhältnisse hingestellt. Nicht Claire und ich sind zu bedauern, sondern er ist die tragische Hauptperson in diesem Drama. Der auf den geliebten Sohn verzichten muss, weil er sonst Haue von seiner Hauptstadtfrau bekommt. Ich halte diesen Brief in den Händen und weiß, dass ich im Abseits stehe, obwohl ich doch Humor habe. Ich habe Helmut in eine Zwickmühle getrieben, die er grauenhaft findet. Die blutige Metaphorik, Menschenopfer, Leiche im Keller, finde ich widerwärtig, aber nicht besonders überraschend. Auch Helmut hatte einmal gesagt, was solle er tun, er könne das Kind doch nicht totschlagen. Ich stehe wie eine Mörderin da, bin die eifersüchtige Frau mit dem Dolch im Gewande. Es ist so widerlich, dass ich kotzen könnte. Niemals im Leben, ich ahne es, wird Helmut auf dieses Kind verzichten, das er liebt und das ihm so ähnlich sieht. Seine aktive Vaterschaft ist nur eine Frage der Zeit. Er wird sich mir gegenüber nett und reizend verhalten, sich als aufmerksamer Ehemann erweisen und dann sein Kind ins Spiel bringen. Der mir angeblich nicht das Geringste wegnehmen kann, der herzige Kleine. Da ist das Kind, und hier ist unsere Ehe, wird Helmut sagen. Das hat er immer schon gesagt. Das ist nichts Neues. Und nicht einmal besonders falsch. Bis jetzt hat es mir ja tatsächlich nichts weggenommen. Nur meine Arbeitsfähigkeit, meine Unbefangenheit, mein Vertrauen, meine Selbstsicherheit. Dafür habe ich Sex bekommen, einen derzeit treuen Ehemann mit Aussicht auf Zukunft, und eine Großfamilienpackung Selbsterkenntnis.

An seinem nächsten Berlin-Wochenende kommt, was ich geahnt und worüber ich Tag und Nacht nachgedacht hatte. Wir besprechen die Modalitäten für ein Kinderarrangement. Ich verhalte mich realistisch und vernünftig, die Dinge sind nicht mehr zu ändern. Alles habe ich bisher hingenommen, alles, alles, die Existenz des Kindes, seine Anwesenheit in Tübingen, Helmuts Häppchenwahrheiten, seine Zwickmühlen, ich habe alle Schläge hingenommen wie ein Punchingball im Boxerstudio. Jetzt werde ich auch das behinderte Kind hinnehmen, vor der Vaterschaft die Segel streichen. Der Kampf ist vorbei, jetzt geht es nur noch um einen geordneten Rückzug. Bisher hatte ich geweint und schwarze Visionen an die Wand gemalt, ihm ausführlich geschildert, welche Folgen seine Vaterliebe für mein Gefühlsleben haben wird, jetzt kommt der Praxistest. Ich fühle erste Resignation, einen Hauch von emotionaler Distanz. Es ist so wie es ist, es ist beschissen. Er soll sein Kinderengagement auf feste Tage und Stunden begrenzen, schlage ich vor, eine Position finden, in der er nicht mehr erpressbar ist. Wie wäre es einmal pro Woche drei Stunden entweder in seiner eigenen Wohnung oder bei den Ärzten. Um die medizinischen Dinge und eine Bewegungstherapie müsse er sich kümmern, weil die Mutter seines Sohnes anscheinend zu blöd dafür sei. Plumps, Steine fallen ihm vom Herzen, ganze Wagenladungen voll. Es ist bis nach Afrika zu hören, wie erleichtert Helmut ist. Endlich, endlich ist der gordische Knoten zerhauen. Endlich, endlich braucht er kein Schwein mehr zu sein. Endlich, endlich kann auch seine eigene Frau Äpfel und Birnen voneinander trennen. Ich werde dein Vertrauen nicht missbrauchen, verspricht mein dankbarer Mann, ich werde dich über alle Kontakte zu Frau und Kind informieren. Ja, denke ich, das wirst du einmal tun, das erste Mal. Den Vollzug melden. Aber irgendwann wird das Kind Teil deines Alltags werden, dich wird die Rührung überwältigen, du wirst wirklich beginnen, es zu lieben. Wie auch nicht, du bist ja nicht pervers und erst recht nicht aus Stein. Über deine Gefühle wirst du nicht reden, wie auch? Zwar habe ich mich eben heldenmütig verhalten, aber es wird neue Tabuzonen geben. Früher war es dein sexueller Notstand, jetzt wird dein Sohn zum Tabuthema werden, Tretminen liegen mehr als genug herum. Helmut, mein begehrenswerter Mann. Werde ich dich weiter begehren, wenn du dich ab sofort um Teddybären und Schnuller kümmerst. Um einen liebenswerten Knirps mit abstehenden Ohren und einer Beule am Hinterkopf, dem der Arsch abgewischt werden muss?

Ein paar Tage nach diesem realistischen und vernünftigen Gespräch begleitet Helmut die Frau und das Kind zum Spezialisten in Freiburg. Der Spezialist ist kein Spezialist, sondern eine Art superalternativer Heilpraktiker in Ausbildung. Er knetet an des Jungen Kopf herum, konstatiert, das Kind sei nicht behindert, aber in seiner körperlichen Entwicklung vier Monate zurück. Später werden kompetentere Ärzte die Diagnose bestätigen. Das Kind ist völlig in Ordnung, nur viel zu lange platt auf den Rücken gelegt und über Gebühr in Watte gepackt worden. Die Beule könne sich bei artgerechter Haltung auswachsen, die Bewegungsarmut sei eine Frage des Temperaments. Die ganze Behinderung ist nichts anderes als ein Schönheitsfehler, das Kind ist wirklich ein Klein-Helmutchen. Die Kindsmutter ist nicht – wie Helmut sie eilig verteidigte, als ich »na bitte« sagte – nur unerfahren und übervorsichtig, sondern wirklich zu dumm, um Kinderbehandlungsbücher zu lesen und sich mit jungen Müttern auszutauschen. Hat sie noch nie was von stabiler Seitenlage gehört? Auf der einen Seite bin ich ehrlich erleichtert, denn nur mit einem gesunden Kind wird Helmuts begrenztes Kinderengagement möglich sein. Auf der anderen Seite spüre ich wieder diese Distanz, diese kleine Kälte im Herzen. Ohne das dramatische Gerede vom Wasserkopf hätte ich es nicht so schnell hingenommen, dass Helmut Vater sein muss. Ich bin wieder einmal überfahren worden, diesmal im Namen der Menschlichkeit. Wie kann ich mich humanitären Aktionen verweigern? Die Dreistundenregelung, kündigt mir Helmut am Telefon an, werde übernächste Woche beginnen. Claire sei einverstanden, er dürfe das Kind nur nicht nach Berlin mitnehmen. Das wäre ja noch schöner, antworte ich und verhalte mich damit genauso doof wie sie. Die richtige Antwort wäre gewesen, ja, bring das Kind mit. Es muss lernen, dass sein Vater eine andere Frau liebt.

Die andere Frau seines Vaters könnte das Kind auch kennen lernen, wenn ich Helmuts Betreuungsdienst mit ihm in Tübingen teilen würde. Wenn wir in der Umgebung eine Wohnung suchen würden, und nicht er, sondern ich pendeln würde. Zumal ich flexibel bin, und er nicht. Im Frühsommer stand diese Variante auf der Tagesordnung, sogar als große Hoffnung. Jetzt nicht mehr. Dutzende von Gewissheiten sind in den letzten Monaten zusammengebrochen, ich flatterte wie ein Blatt im Wind mal hierhin, mal dorthin, arrangierte mich mit Arrangements, mit denen ich mich niemals arrangieren wollte, trank Essig, den man mir als Wein verkaufte – nur eine einzige Gewissheit baute sich allmählich auf, verfestigte sich und steht jetzt stabil wie der Schiefe Turm von Pisa. Die Option Tübingen, Stuttgart oder Schwarzwald ist für mich gestorben. Ich habe keine Lust mehr. Ich will nicht nach Schwaben oder Baden, auch nicht eine Woche im Monat, nicht einmal mehr für ein Wochenende. Ich habe keine Lust auf Helmuts Schwierigkeiten in Tübingen, keine Lust, seine Freunde jemals wieder zu sehen, bei denen wir beide sowieso unten durch sind, keine Lust, sozial isoliert zu sein, keine Lust, mir anzuhören, wie Kindervereinbarungen mit der Mutter telefonisch angekündigt, verschoben, verkürzt, verlängert, verdoppelt, nachbesprochen werden müssen. Ich habe einfach keine Lust auf Helmuts Verhältnisse, die ich mir nicht ausgesucht habe, nicht einmal mitbestimmen kann, sondern in die ich hineingezwungen worden bin. Die Entscheidung ist vernünftig, aber der nächste Schritt in die Resignation.

Am 11. 11. 99, am Karnevalsbeginn, gegen 19 Uhr, kommt der Anruf aus Italien, der Anruf, den ich täglich erwartete, der mich ans Haus fesselte, weil ich ihn nicht verpassen wollte. Es ist ein Mädchen, sprudelt Andreij begeistert ins Telefon, ein wunderhübsches Mädchen, aber mit hässlichen Fingern. 15 Stunden hat die Geburt gedauert, es war der schlimmste Tag meines Lebens. Monis Schreie, das Blut, die mitleidslosen Hebammen. Ich habe Moni 15 Stunden lang gehalten, und sie hat gepresst und gepresst, aber es wollte nicht kommen, und dann war es plötzlich da. Das Mädchen, das wunderschöne Mädchen mit großen blauen Augen und braunen Haaren kam um 17.30 Uhr an, liegt jetzt in rosa Klinikjäckchen in Monis Bett, und ich muss erst mal was essen gehen, ich bin total fertig. Andreij ist unendlich glücklich, er lacht und gluckst, und ich bin auch glücklich, dass es die beiden sind, dass Kind schön und gesund und dass es ein Mädchen ist. Wie oft hatte ich heimlich zum Fruchtbarkeitsgott gebetet, lieber Gott, lass es ein Mädchen werden, wenigstens ihr Geschlecht sollte sie von Helmuts Sohn unterscheiden. Jetzt ist es ein Mädchen, lieber Gott, ich danke dir. Dieses wunderschöne Mädchen wird der Opa auf den Arm nehmen können, und vielleicht sehe ich dann nicht nur den Vater in ihm. Dieses kleine, süße, gesunde Mädchen ist eine Hoffnung, ach Helmut, warum kann ich diesen Abend nicht mit dir verbringen. Ich weiß, du hast heute ein Kolloquium, aber bitte, bitte ruf mich doch an.

Kurz vor Mitternacht spreche ich ihm auf den Anrufbeantworter. Ich bin enttäuscht, sage ich, wieso hältst du es nicht für wichtig, der Großmutter zu gratulieren. Kurz vor ein Uhr ruft er zurück. Er habe Andreij vor ein paar Stunden angerufen und die Nachricht erfahren, sogar das Baby schreien hören und mit Moni gesprochen. Er habe mit seinen Kollegen in einem Lokal auf die Geburt angestoßen, habe mir erst gratulieren wollen, wenn er zu Hause sei. Jetzt sei er zu Hause, und jetzt gratuliere er mir. Es sind solche Momente, in denen ich nicht mehr weiß, ob ich Helmut wirklich noch liebe, ob ich mir nicht etwas einrede, ob seine Vaterschaft mir nicht weit mehr, als ich mir eingestehen will, das Herz angeknackst und die Seele gehäutet hat. Kann er sich denn wirklich keine Sekunde lang vorstellen, wie schmerzvoll die Situation für mich ist. Hat er vergessen, wie schwierig unsere Großelterngespräche gewesen sind, wie oft ich ihm unterstellt habe, dass sein Sohn wichtiger sein werde als sein Enkelkind. Oder die polemische Version, Kinderkriegen sei für ihn ja ein Alltagserlebnis. Passiere ihm alle Nase lang. Als sein eigenes Kind geboren wurde, hätte er sicher eine Standleitung in den Kreißsaal legen lassen. Heute weiß ich, wann sein Sohn auf die Welt kam. Es war der Tag, an dem ich mich von ihm nach Ostern verabschiedete, weil er angeblich zu einer Konferenz nach München musste. Er war den ganzen Vormittag in der Universität gewesen, und als wir uns trennten, sehr schweigsam. Damals dachte ich darüber nicht nach, und wenn ich darüber nachgedacht hätte, dann hätte ich gedacht, ihn beschäftigen Tagungsordnungspunkte und Sitzungsvorlagen. Heute kann ich mich an jede Minute dieses Tages erinnern. Wie wir mit dem Hund eine Abschiedsrunde durch den Wald drehten, an sein ernstes Gesicht, an seine empfindlich schauenden Augen, sogar an die helle Jacke, die er trug, an seine Umarmung und an sein Versprechen, er komme wahrscheinlich noch am selben Tag aus München zurück. Die Mutter ist eben die Mutter, und die Großmutter nur die Großmutter, vergrabe ich mich wieder in meine Obsession, der kann man auch am nächsten Tag gratulieren, jedenfalls erst Stunden nach der Feier mit den Kollegen. Im Gespräch mit Helmut versuche ich halbwegs cool zu bleiben, aber es hat geklirrt. Die Freude über Andreijs und Monis Kind kann er mir nicht nehmen, die Freude, mit ihm darüber zu sprechen, hat er mir genommen.

Es folgen eigenartige Tage. Helmut und ich haben verabredet, am nächsten Wochenende nach Italien zu fahren, Blitzbesuch für zwei Tage, das Auto voll gepackt mit dem Geburtstagsgeschenk für Moni, einer Spritzpistolen-Grundausstattung einschließlich Kompressor, damit sie als gelernte Bühnenmalerin ihre Familie künftig ernähren kann. Ich habe versprochen, mit ihm zu fahren, aber ich habe höllische Angst davor. Bis eine Minute vor der Abfahrt schwanke ich zwischen Soloflug nach Florenz oder Duotrip mit ihm. Er werde seine eigene Kinderbetreuung erst nach der Italienreise beginnen, verspricht er mir. Das ist letztendlich die Entscheidung. Unser Enkelkind kommt zuerst. Wir fahren gemeinsam. In Stuttgart holt er mich am Flugplatz ab, zehn Minuten später sind wir auf der Autobahn und Sonnabendmittag in der Mühle.

Wir sehen das wunderschöne Mädchen, und es ist wirklich wunderschön. Es heißt Tokyo Salomea Babette Tonina, die deutschen Standesbeamten werden sich wundern. Eine kleine Internationale, entzückend, erst ein paar Tage alt und schon neugierig und beweglich genug, den Kopf zu heben. Helmut hält das kleine Wesen in seinen Armen, und ich sehe nur Großvater und Enkelin. Tokyo, unsere süße Enkelin ist Tokyo, die Tochter unseres Sohnes und unserer Beinaheschwiegertochter. Ich platze beinahe vor Liebe für die vier und bin unendlich erleichtert. Es ist möglich, Helmuts Kind und unsere Enkelin emotional voneinander zu trennen. Helmuts Sohn lebt auf einem anderen Stern, dieses Kind mit uns auf unserem. Wir sind die Familie. Die einzige Familie, die Helmut hat. Meine ganzen Ängste schwinden wie der Schnee in der Sonne. Zum ersten Mal seit Wochen fühle ich mich wieder frei und unbelastet, fühle mich stabil und stark, vielleicht wird doch alles gut. Tübingen kommt mir wahnsinnig weit weg vor, das muss da irgendwo bei Patagonien sein. Wir sehen, wie Moni und Andreij ihr Kindchen lieben und wie sie sich ihr Beziehungsleben trotz Tokyo Salomea Babette Tonina schwer machen. Du lieber Himmel, sagen wir beide, gefestigt und gestählt durch Szenen ganz anderen Niveaus, die Liebe ist ein Geschenk. Geht sorgsam damit um.

In dieser italienischen Nacht, das Enkelkind zwei Zimmer entfernt, schenken wir uns wie Romeo und Julia, nur zehn Generationen älter. In den letzten Wochen hatten wir oft miteinander geschlafen, manchmal aus Erschöpfung nach all den quälenden Gesprächen und weil wir die Sicherheit brauchten, ich bin hier, und du bist da. Manchmal weil wir sexfreie Begegnungen erst gar nicht wieder einführen wollten, manchmal deshalb, weil ich zu Tränen gerührt war, dass mein Begehren beständig blieb, und er mir zeigen wollte, dass ich schön bin. Manchmal auch nur, um meinen Geruch in seine Haut zu pflanzen, ihn gegen alle Weiber der Welt zu immunisieren. In dieser italienischen Nacht lieben wir uns anders. Mit vollem Herzen, lachenden Augen, mit großer Lust und unendlich viel Zärtlichkeit. Kein bisschen angestrengte Dramatik, keine Experimente, sondern schlichtes dämliches Glück. Du bist mein Mann. Ich bin deine Frau. Heute, morgen, übermorgen.

Dafür wurde die Rückfahrt dramatisch. Schnee seit dem Gotthardt, vereiste Autobahn von Bregenz bis Tübingen, eine nächtliche Höllenfahrt, immer haarscharf an der Katastrophe vorbei. Mit Sommerreifen und beide übermüdet. Hinter uns, hörten wir in den Nachrichten, gab es Massenunfälle mit Toten und Schwerverletzten. Ein Engel hat über uns die Hand gehalten, wird Helmut sagen. An diesen Engel denke ich, als ich am nächsten Morgen alleine nach Berlin weiterfahre. Möge er mir Gelassenheit schenken, wenn Helmut übermorgen mit seinem Vaterdienst beginnt. Möge unsere wunderschöne Nacht und unser Entzücken über das Enkelkind größer und wichtiger sein als alles andere. Lieber Engel im Himmel. Schenk mir Großzügigkeit und Souveränität. Bitte wisch alle Kleinlichkeit, alle Distanz, alle Resignation weg. Bitte, lieber Engel, lass nicht zu, dass seine Verhältnisse unsere Liebe umbringen. Ich werde versuchen, mutig zu sein, vielleicht sollte ich doch mal nach Tübingen fahren. Ich werde auch versuchen, den Kinderstunden übermorgen ins Auge zu blicken, selbstbewusst, Helmuts Geruch noch auf der Haut.

An dem Übermorgen lade ich mich zu Freunden zum Essen ein. Es sind uralte, sehr vertraute Freunde, auch wenn wir uns selten sehen. Christoph ist habilitierter Neurologe, seit kurzem Leiter der psychatrischen Abteilung eines großen Krankenhauses. Wir kennen uns seit beinahe 25, Helmut und er seit beinahe dreißig Jahren. Im Laufe unserer langen Freundschaft haben wir diverse Beziehungssorgen miteinander geteilt, wohnten auch fast zwei Jahre zusammen, nachdem seine Wohngemeinschaft sich zur Frauenkommune erklärt hatte. Später erlebten wir seine schmerzhafte Trennung mit, er hatte nicht hinnehmen können, dass seine Lebensgefährtin ihm nicht nach Frankfurt folgen wollte. Noch später erlebte er mit, wie unsere Ehe kriselte. Kurz vor meinem Auszug aus Kiel saß er auf unserer Terrasse mit großartigem Ausblick auf die Ostsee und prognostizierte die Scheidung. Wiederum später heiratete er eine neue Liebe, eine mutige Frau, gradlinig bis zum kleinen Zeh, eine Erzieherin für behinderte Kinder. Sie folgte ihm nach Berlin, sie bekamen einen Sohn, er ist heute neun Jahre alt. Kristine, die Mutter, wird nächstes Jahr fünfzig, Christoph sechzig. Sie sind überaus sorgsame und liebevolle Eltern, das Kind ist ein wenig altklug, wie oft die Kinder von ältlichen Eltern. Zu diesen Freunden lade ich mich ein. Wir trinken ein wenig Champagner auf Tokyos Leben. Was für ein überraschendes Glück, sagt Christoph. Nie hätte er geglaubt, dass wir beide einmal alle Krisen überwinden und sogar gemeinsam Großeltern würden.

Dieser Satz, sein Facharzt für Psychotherapie und ihr Auftrag, einen Leitfaden zur Betreuung von behinderten Kindern zu schreiben, öffnet alle Schleusen. Ich fange an zu erzählen, und ich erzähle und erzähle, zwei Stunden am Stück. Ich schildere ihnen das ganze Unglück, angefangen von einem Kind in Marseille, das aber in Tübingen wohnt, von meinen schrecklichen Obsessionen, von Helmuts kompensierendem Doppelleben, von meiner Liebe zu ihm, von Helmuts Liebe zu mir, von unserem grässlichen italienischen Wenn-es-ein-Mädchen-wäre-Gespräch, von meinem Brief an die Frau, dass das Kind eine Beule am Hinterkopf habe, von dem sozialen Druck in Tübingen und dem Tokyo-Mädchen, und endlich, dass Helmut seinen Sohn einmal die Woche drei Stunden sehen wird, die Kinderbetreuung heute angefangen hat und ich vernünftig werden will.

Die beiden unterbrechen mich nicht ein einziges Mal, aber ich sehe, dass Kristine weint und Christoph versteinert. Was für eine widerliche Geschichte, sagt er, als ich endlich fertig bin. Was für eine dreckige, von Anfang bis

Ende verfahrene Geschichte. Helmuts Vermessenheit, alles auf die Reihe kriegen zu wollen, seine Verantwortungslosigkeit, sein Egoismus, unfassbar. Sein Spiel mit den Gefühlen von Frauen, seine Feigheit, mir nicht die Wahrheit zu sagen, schmutziges Mackertum. Das Kinderarrangement geradezu ein Verbrechen an dessen Zukunft. Wer als 55-Jähriger ein Kind in die Welt setzt, um das er sich nicht ernsthaft kümmern will oder kann, soll sich nicht wundern, dass er sozial geächtet wird. Er reagiere wie die Tübinger Freunde, er wolle Helmut auch nicht mehr sehen, mit solch einem Feigling könne er im Moment nicht mehr reden. Das Kind, sagt Christoph, sei zehn Nummern zu groß für Helmuts Spielereien, seine Funktionärskarriere habe ihn offensichtlich zum eitlen Egozentriker gemacht. Wie kann man sich nur selbst so überschätzen? Was ist nur aus meinem sensiblen, klugen Freund geworden?

Und was aus meiner hinreißend optimistischen und souveränen Freundin? Als Freund und Psychotherapeut empfehle er mir dringend, meinen Job bei der Zeitung sofort wieder aufzunehmen, um einen eigenen Alltag zu finden, Buch hin oder her. Du musst dein eigenes Leben führen, du musst raus aus Helmuts Sumpf, und zwar lieber heute als morgen. Eure alte Ehe ist kaputt, du musst dich neu orientieren. Entweder du akzeptierst die Lage als deine eigene Entscheidung, dann musst du umziehen, Helmuts Sohn annehmen und ihn in seiner Vaterschaft unterstützen. Oder du entscheidest dich für ein Leben ohne ihn, einen Mittelweg gibt es nicht. In der allergrößten Not führt der Mittelweg zum Tod. Das wüsste ich doch und hätte immer so gelebt. Die Dreistunden-Regelung sei ein böser Witz. Die drei Stunden einmal pro Woche, und in den Semesterferien seltener, seien eine ungeheure psychische Belastung für das Kind. Es wird sich einsam und abgeschoben fühlen und später ungeliebt, weil nur drei Stunden geduldet. Warum die Mutter sich auf solche Experimente einlasse, sei ihm ein absolutes Rätsel. Maja, sagt Christoph, deine psychische Abhängigkeit von Helmut ist schrecklich anzusehen. Du bist drauf und dran, eine andere Frau zu werden. Du reagierst spießig, bist nicht mehr radikal. Die Radikalität war deine Stärke, auch deshalb hat Helmut dich bewundert. Die ganze Geschichte ist von vorne bis hinten spießig, und du spielst mit. Du kannst nicht darauf warten, dass Helmut dir hilft, du musst dir selber helfen. Du predigst Claire Autonomie und bist selbst ein Angsthase. Als Freund rate ich dir: Lass dich nicht einnebeln, lass dich nicht auf Kompromisse ein, ein gut Teil seiner Liebe wird Dankbarkeit sein. Die kann umschlagen, wenn die Verhältnisse schwieriger werden und du sie ausnahmsweise nicht mehr mit trägst. Dann wird er lavieren, und du wirst wieder misstrauisch werden. Du wirst wieder anfangen, dich zu hassen, und wieder nicht wissen, was du tun sollst. Aber du bist nicht hilflos, du brauchst dich nicht auf Halbherzigkeiten einzulassen. Du musst das Heft in die Hand nehmen. Schreib der Frau noch einen Brief, schreib, dass du sie sprechen willst. Fahr nach Tübingen, rede mit ihr, frage sie, was sie wirklich von Helmut will, welche Zukunft sie sich für das Kind vorstellt. Schau dir das Kind an und dann entscheide dich. Vertraue nicht Helmut, sondern dir selbst.

So kompromisslos und rigoros habe ich Christoph, den sensiblen Intellektuellen, noch nie erlebt. Ich weiß, er hat Recht, er hat in jedem einzelnen Punkt Recht. Selbstverständlich hat sich Helmut als verantwortungslos erwiesen. Er hat eine Frau, die er nie geliebt haben will, zu einem Kind überredet. Er hat es getan, weil er meinte, ein Kind würde ihr Leben bereichern und in einem gewissen Maße auch seines. Aber er hat die Frau überfordert, nicht sehen wollen, dass sie nicht ein, sondern sein Kind wollte und vor allem ihn. Und er hat seine Ehefrau unter- oder überschätzt, als er glaubte, ein außereheliches Kind werde sie nicht stören. Er hat jongliert, sich in seiner Omnipotenz gesonnt, sich als Lebensschützer gefallen und den Sex mit einer gebärfähigen Frau als Spiel mit dem Feuer doppelt genossen. Er hat sich im Geliebtenbett haargenau wie ein Ehemann benommen, ohne je einer werden zu wollen. Er hat ein Kind in die Welt gesetzt und sich dessen Zukunft einfach gedacht. Die Mutter hat nicht einmal einen festen Arbeitsvertrag, sondern muss Jahr für Jahr um eine Verlängerung bibbern. Alles das ist verantwortungslos, was denn sonst? Oder unfassbar leichtsinnig. Oh Amor, warum hast du meinen kinderlieben Gatten nicht mit ein paar Pfeilen der Weisheit gepikst?

Christoph hat doppelt Recht. Auch ich bin eine Spießerin. Auf seine Dreistundenregelung habe ich mich nur eingelassen, weil das Kind behindert schien und weil ich nicht wollte, dass die Frau ihn erpresst. Für das Kind ist es eine Tortur. Ich weiß es, aber wer nimmt mir schon ab, dass es mir Leid tut. Nicht einmal Helmut. Eine gepflegte Vaterschaft auf Zweitfamilienniveau kommt für mich aber erst recht nicht in Frage, deshalb der kleinmütige Kompromiss. In Wahrheit denke ich: Helmut hat sich die Geschichte eingebrockt und soll sie alleine auslöffeln. Eigentlich will ich mit der ganzen Sache überhaupt nichts mehr zu tun haben. Wenn ich nur daran denke, werde ich kalt wie eine Hundeschnauze. Aber die Wahrheit ist auch: Ich mag auf Helmut nicht verzichten, aller Vernunft zum Trotz, er ist doch nur ein Depp. Immer noch warte ich wie ein Teenager auf seine Anrufe, flattere, wenn er mich anlacht, fühle die Schmetterlinge im Bauch, wenn er mich anfasst, will mit ihm auf dem Fernsehbett liegen und Tatort gucken und mit dem Hund um die Ecke gehen, will mit ihm Pläne schmieden, große und kleine, meine Beine über seine legen und sein Susi, Süße hören. Gegen drei Stunden Blablabla in der Woche in Tübingen stehen 48 Wochenendstunden mit Susilein in Berlin.

Später lese ich in einem Zeitungsartikel, dass ich mich in der Ablösungsphase Nummer drei befinde. Jedes Ehedrama laufe nach dem gleichen Muster ab, haben Psychologen herausgefunden. Erst das Nicht-wahr-haben-Wollen, dann die großen Gefühle, wie Verzweiflung, Depression, Hilflosigkeit, dann die Ablösungsphase mit Halbherzigkeiten und Kompromissen, endlich die Überwindung, die Befreiung vom Objekt der Begierde oder vom Problem. Wie beruhigend, dass meine Probleme quantifizierbar sind.

Die nächsten 48 Stunden sind da. Nichts ist mit Susilein, wir haben unseren eigenen Tatort. Helmut ist entsetzt über Christophs Reaktion. Er soll sich verantwortungslos, gar verbrecherisch verhalten haben? Was für eine Selbstgerechtigkeit! Die Welt ist kein Western, schimpft er, wo es nur Böse und Gute gibt, nur Schurken, die edle Jungfrauen überfallen. Wenn man solche Freunde habe, brauche man keine Feinde mehr. Er habe das Handtuch zu der Schauspielerin, die ihm die Trennung von mir empfahl, zerschnitten. Christoph habe Ähnliches geraten, nur unter dem Deckmantel der Autonomie versteckt. Was ich tun wolle, fragt er mich. Bereitest du deinen Absprung vor? Trotz des Enkelkinds, trotz unserer Nacht in Italien, trotz aller Beweise, die ich dir in den letzten Monaten für meine Liebe gegeben habe? Habe ich irgendwann und irgendwo geeiert, habe ich irgendwie laviert? Du hast nicht geeiert, du hast nicht laviert, antworte ich, ich glaube dir, dass ich dir sympathisch bin. Aber ich halte es für eine gute Idee, mich mit der Kindsmutter zu treffen. In der Tat würde ich gerne wissen, was sie eigentlich wirklich von dir will. Was kann sie mir denn schon neues über euer Verhältnis erzählen? Bettgeschichten interessieren mich nicht mehr, und einen Verlobungsring wird sie mir nicht zeigen können. Nein, sagt Helmut, das kann sie nicht. Pause. Schweigen. Aber mir fällt gerade ein, dass ich ihr tatsächlich einen Ring geschenkt habe. Zur Geburt von Michael. Das hatte ich doch glatt vergessen.

Volltreffer. Eigentor. Ich explodiere. Wenn ich in diesem Moment einen Revolver in der Hand gehabt hätte, hätte ich geschossen. Tötung im Affekt. Mit mildernden Umständen vor Gericht. Zum ersten Mal in meinem Leben schlage ich. Ich schlage Helmut mitten ins Gesicht. Mit voller Kraft und offener Hand. Wenn er mich nicht festgehalten hätte, hätte ich weitergeschlagen. Bis sein Gesicht blutig ist. Bis dahin wusste ich nicht, wie Gewalt funktioniert. Wie man gewalttätig sein kann. Jetzt will ich ihn am Boden sehen und auf ihm herumtrampeln. Ich renne in der Wohnung im Kreis herum, klatsche mir Wasser ins Gesicht, der Affekt schwindet, die Wut bleibt. Eine gleißende Wut, eine brandheiße Wut. Du gottverdammter Idiot, du ekelhafter Betrüger, du Nichts, schreie ich ihn an, hau endlich ab, ich will dich nie wieder sehen, hau doch ab zu deiner beschissenen Verlobten. In diesem Moment weiß ich, dass ich die Frau nicht mehr zu treffen brauche. Ich weiß genau, was sie mir erzählen würde. Mein Mann hat ihr einen Ring geschenkt, einen Goldring, einen beinahe echten Verlobungsring. Er hat ihn ihr an den Finger gesteckt, als Michael geboren wurde. Er hat ihr einen Ring geschenkt, das Symbol für die Liebe zwischen Mann und Frau überhaupt. Das ist ein echtes außereheliches Bündnis, das ist ein Liebesvertrag. Das ist tausendmal in der Literatur beschrieben. Jetzt weiß ich, wie ihr Verhältnis gewesen ist, wie verlogen seine Beteuerungen, er habe nur Sex gesucht und gefunden, sind. Eine Frau, der man aus Glück über ein gemeinsames Kind einen Goldring an den Finger steckt, fällt nicht in die Schublade Ersatzbefriedigung. Wie soll diese Frau jemals ernsthaft an ein temporäres Verhältnis geglaubt haben, wenn er ihr solche tollen Symbole über den Ringfinger streift. Garniert mit roten Rosen und wer weiß wie vielen innigen Küssen. Das alles vermutlich in der Klinik, das gemeinsame Babylein an ihrer milchigen weißen Brust. Selbstverständlich hat er dem biologischen Wunder den Vater versprochen. Den hat er ja schon im Rahmen des Emanzipationsprojekts theoretisch versprochen, bevor das Kind praktisch gezeugt worden war. Selbstverständlich ist sie grausam behandelt worden. Selbstverständlich hat sie in allem Recht, was sie von Helmut fordert. Selbstverständlich will sie jetzt seine Ehe ruinieren. Das würde ich an ihrer Stelle auch versuchen. Wann, fährt der Blitz des Neides in mein Herz, wann hat Helmut mir zum letzten Mal einen goldenen Ring geschenkt? Freiwillig, nicht ein supertolles Sonderangebot, das ich aussuchte, aber er bezahlen sollte. Noch niemals. In seinem ganzen Leben ist er niemals auf eigene Faust zu einem Juwelier gegangen und hat sich überlegt, welcher Goldring passt zu meiner Frau. Nicht zu unserer Eheschließung vor dreihundert Jahren, auch nicht zu Andreijs Geburt vor 28. Noch niemals.

Ich habe ihr keinen Verlobungsring geschenkt, jammert Helmut. Ich kann ihr doch keinen Verlobungsring schenken, wenn ich mit dir verheiratet bin. Welche Logik, fauche ich, welch ein Geistesblitz. Geradezu grandios. Gratulation. Mein Ovid-Experte, obendrein firm in allen Mythen um das Gold der Nibelungen, will nicht wissen, dass ein Goldring und seine Übergabe ein Ritual ist, dass ein Goldring eine verdammt große rituelle Bedeutung hat, entschieden mehr als goldene Ohrringe oder ein goldener Armreif. Selbstverständlich besiegele ein Goldring eine Liebesübereinkunft, nicht einmal als Literaturwissenschaftler könne ich ihn in

Zukunft noch ernst nehmen. Natürlich sei der Ring ein Versprechen, wenn auch kein justiziables. Sie jedenfalls wird den Ring richtig verstanden und vor Glück geweint haben. Er hat doch eine Josephsehe geführt, wie er der Frau sattsam in den Schoß bewiesen hat. Da sanktioniert selbst der liebe Gott das Lager der Nebenfrau, Hauptfrau hin oder her. Kennt er nicht die berühmte Geschichte von der unschuldigen Pfarrerstochter, die der Graf mit einem Ring bindet, um sie verführen zu können. Die dann schwanger wird und selbstverständlich vom Graf verlassen. Der ihr dann seinen Förster andient, und ihm den zweiten Ring bezahlt. Das war im 19. Jahrhundert. Im 20. läuft es so, wie es Helmut gemacht hat. Erst schwängern, dann den Ring. Und wenn das Liebesbündnis platzt, das Unschuldslamm spielen.

Was Helmut anschließend erzählt ist Schwachsinn. So schwachsinnig, dass es denunziatorisch klingt, wollte man es Hinz und Kunz erzählen. Aber auch C-4-Lehrstuhlinhaber sind leider schwachsinnig, wenn es um die Liebe geht. Vielleicht sogar noch schwachsinniger, weil sie ihren Schwachsinn erklären müssen. Niemals habe er ihr einen Liebesring geschenkt, der Ring sei ein Geschenk für Michael gewesen. Er hätte ihm doch kein Sparbuch in die Wiege legen können. Der Ring symbolisiere nur seine Herkunft. Nämlich Frankreich. Der Goldring trage bunte Steine, in den Farben der Trikolore. Der schmale Armreifen aus massivem Gold, den er mir vor zwei Monaten zu meinem Geburtstag geschenkt habe, sei viel teurer gewesen. Du Gefühlsverbrecher, denke ich, du bist sogar zu blöd für das Irrenhaus. Bunte Steine? Saphire werden es gewesen sein. Eingelassen in den Goldring. In den Farben der Trikolore. Was für ein von Bedeutung nur so triefendes Symbol für ihre deutsch-französische Partnerschaft. Ich habe von ihm keinen Ring in Deutschlandfarben bekommen, als ich die deutsch-deutsche Geburt in einem deutschen Krankenhaus hinter mich gebracht hatte. Billiger als mein Armreifen. Dieser Vollidiot. Als ob es auf den Geldwert ankomme. Obwohl es ein interessantes Argument ist. Gold hat nicht nur einen sakralen Wert, sondern auch einen ökonomischen. Ihr Goldring wird 800 Mark gekostet haben, mein Armreif 1.000. Ich bin 200 Mark mehr wert.

Die Goldringschreierei am zweiten Adventswochenende in Berlin war ein Exzess. Natürlich, selbstverständlich, aber klar doch, wäre ihm das Geschenk für Michael niemals eingefallen, wenn ich nicht mit der Mutter hätte sprechen wollen. Ich stelle mir vor, wie die Ex-Geliebte und die Alt-Ehefrau bei Kaffee und Kuchen im Lokal gesessen hätten und sie mir den Ring unter die Nase gehalten hätte. Was hätte ich gemacht? Feministische Verschwesterung und Helmut einen Kick in den Arsch. Möglich. Ihr gesagt, der Ring sei Schnee von gestern, er wäre mir scheißegal? Sicher nicht! Auf jeden Fall passt Helmuts Blackout gut in die politische Landschaft. Auch die CDU serviert ihre Spendenaffäre nur scheibchenweise. Gibt auch nur zu, was nicht mehr abzustreiten ist. Fühlt sich ungerecht behandelt, wo sie doch immer nur das Beste wollte. Will aufräumen, aber macht alles nur schlimmer. Aber die große Politik ist kein Trost im privaten Unglück. Ich flüchte ins Bett, ziehe die Decke über den Kopf und heule darunter wie ein ganzes Tierasyl. Und wenn ich aufhöre zu heulen, verprügele ich die Kissen und die Matratze. Helmut kniet vor meinem Bett, völlig zerknirscht, ahnt blass, was er angerichtet hat, und weiß nicht, was er tun soll. Soll ich den Ring zurückfordern? Ihn damit nachträglich zu einem Symbol erhöhen? Ja, tu das, brülle ich und gleich anschließend, nein, lieber nicht. Darf ich neben dir schlafen? fragt er nach einer Stunde Buße. Und ich prinzipienloses Weib sage ja. Er liegt neben mir, aber beruhigend ist es nicht.

Erst packe ich die Decke zwischen uns und irgendwann verlasse ich das Ehebett.

Die Auseinandersetzung geht am nächsten Tag weiter. Zwei Packungen Zigaretten pro Kopf, Tee, Kaffee, Mineralwasser auf dem Tisch. Die Atmosphäre ist versachlicht. Ich brülle kein einziges Mal, weine auch nicht mehr, ich sortiere die Fakten. Dies und das und das und dies spricht dafür zusammenzubleiben, dies und das und das und dies dafür, sich zu trennen. Ich wäge die Fakten gegeneinander, gewichte die Argumente, zähle die Gewichte zusammen und rechne sie wieder grammweise ab. Es ist vernünftig, sich zu trennen, bilanziere ich das Desaster. Pack deine Siebensachen und gehe. Wenn nicht zur Frau, dann wenigstens zum Kind. Du wolltest es, jetzt hast du es. Du hast ihm einen Platz in deinem Leben reserviert, jetzt lass es diesen Platz besetzen. Aber ich steig aus.

Ich will weder zur Frau noch zum Kind, antwortet Helmut, ich will zu dir. Aber auch ich gebe auf. Ich kann nicht mehr. Ich bin müde und zerschlagen, bewege mich seit langem im roten Bereich. Ich habe keine Puste mehr und keine Kraft. Ich werde gehen. Ich habe dir über Monate gezeigt, dass ich nur dich liebe, dass ich alles versuche, um unserer Ehe eine Chance zu geben. Aber ich kann das Kind nicht ungeschehen machen, auch wenn ich es mir wünschte. Ich kann auch meine Affäre nicht ungeschehen machen, ich wollte, ich könnte es. Als ich in Marseille war, glaubte ich, im falschen Film zu sein. Ich war in Marseille und sehnte mich nach dir. Ich wollte wieder im richtigen Film sein. Die ganze Situation schien mir absurd, ich fühlte mich gefesselt, wusste mich aber nicht zu entfesseln. Und dann hast du gezeigt, wie sehr du mich liebst. Und ich bin gerannt und gerannt, raus aus dem falschen Film und in den richtigen. Ich habe in Marseille gemerkt, dass ich in einem Sumpf stecke, und du hast mich herausgezerrt. Du hast mich gerettet, als ich mich schon aufgegeben hatte. Ich habe mich furchtbar tief verstrickt, im Nachhinein kann ich es kaum glauben, auf was ich mich alles eingelassen habe. Ich habe oft überlegt, ob ich Claire geheiratet hätte, wenn ich mit dir nicht verheiratet gewesen wäre, oder ob ich sie geheiratet hätte, wenn du gegangen wärst. Ich weiß, dass ich es nicht getan hätte. Trotz Kind, trotz meiner Freude über das Kind. Ja, ich hatte mich gefreut, für mich ist Michael ein eigener Mensch. Ich mag Claire aus welchen Gründen auch immer einen Goldring geschenkt haben, aber vier Wochen später habe ich sie trotz Goldring aus einem ganz eindeutigen Grund verlassen. Wieso hat dies für dich keinen Wert? Willst du wirklich, dass ich gehe?

Ich will nicht, dass er geht. Ich will nicht, dass er aufgibt. Er sagt nur ein paar Sätze, seine Stimme braucht nur ein wenig wacklig zu werden, seine Augen nur ein wenig melancholisch, und schon kippt die Waage auf Liebe. Wo sind die Fakten geblieben, all das Dies und Das. Abgeräumt. Weggepustet. Die Waage auf Liebe hängt hoch in der Luft. Ich bin genau wie die Geliebte. Ich höre, was ich hören will, ich sehe, was ich sehen will, ich will überredet werden. Ich bin nicht autonom, ich hänge an der Leine. Oder vielleicht doch nicht ganz? Kein Mensch zwingt mich ins Geschirr, und kein Mensch zwingt mich, ihn zu verlassen. Aber ich treibe ihn dazu, dass er mich verlässt. Weil er keine Kraft mehr hat. Weil die ewigen Streitereien selbst ein Meerschweinchen zum wilden Eber machen. Weil diese ewige Aufrechnerei jede Liebe töten kann. Hamu, mein Hamu, du hast ja Recht. Was sollst du tun? Was kannst du jetzt mehr tun, als du bisher getan hast? Deine Goldringnummer ist unbegreiflich. Du hast Illusionen geschürt, du hast die Frau getäuscht. Objektiv. Mich sowieso. Genau genommen bis zum heutigen Tag. Aber du bist jetzt im richtigen Film. Wir sind beide im richtigen Film. Kein besonders komischer Film, aber wir bleiben bis zum Ende. Bis zu den Stützgriffen in der Badewanne?

Helmut, sage ich, bitte gib nicht auf. Ich habe überzogen. Deine Affäre ist aus und vorbei, der Goldring vergraben im Packeis von Sibirien. Es ist nicht einfach, mit deiner Kinderkladderadatschhypothek zu leben. Aber ich will es weiter versuchen, obwohl ich nicht weiß, was wird. Noch bin ich nicht mutig genug, um auf die Frage von Freunden, ist das euer Enkelkind, souverän zu antworten, nein, das ist der Sohn meines Mannes. Aber ich will versuchen, uns wenigstens die Wochenenden in Berlin nicht zu verderben. Ich verspreche dir, dich niemals wieder nach Frau und Kind zu fragen. Ich werde die beiden nicht mehr erwähnen, nicht mehr in der Vergangenheit herumstochern, niemals wieder Staatsanwältin sein. Aber ich will nie wieder von Tatsachen überrascht werden, niemals wieder im Besenschrank stehen, niemals wieder blinder, tauber Affe sein und dann auch noch stumm. Nur noch eine letzte Frage: Gibt es noch irgendetwas, was mich überraschen könnte und was du angeblich vergessen hast, Symbole à la Goldring oder so? Sag es mir jetzt, bitte sag es jetzt. Nicht, dass ich wüsste, antwortet Helmut und schüttelt den Kopf. Die Verabredung gilt. Wir besiegeln sie. Wir schlafen miteinander, vorsichtig wie zwei Stachelschweine. Wir gehen ins Kino und sehen Stanley Kubriks »Eyes Wide Shut«, die Geschichte einer Ehe, die daran zu scheitern droht, dass Phantasie und Realität nicht mehr voneinander zu trennen sind. Wir lesen nebeneinander die Zeitungen mit den Spendenenthüllungen. Wir telefonieren mit Andreij, wie es dem Enkelkindchen geht. Wir lachen wieder.

Als Helmut wieder in Tübingen ist, überfällt mich die alte, langweilige Misere. Mit ihm zusammen kann ich Achterbahn fahren, steigt er aus, stürze ich ab. Es kann noch so schön gewesen sein, die Konflikte noch so vernünftig geklärt, kaum ist er weg, drehe ich mich im Kreise und denke nur an Dinge, die nicht mehr zu ändern sind. Natürlich ist der Goldring ein rituelles Versprechen, Michael, kleiner Franzose, süßes Geheimnis einer romanischen Beziehung, ich will dir Vater sein. Jetzt ist er kein süßes Geheimnis mehr, jetzt sitzt er drei Stunden in der Woche bei Helmut auf dem Schoß und weint, weil er bei der Mutter sein will, aber beim Vater sein muss. Die Dreistundenregelung wird irgendwann gekündigt werden, dann will sie fünf, sechs, zehn Stunden. Im Namen des Kindes und um mich in die Trennung zu treiben. Dann stehen Wochenenden an, später Vater-Sohn-Abenteuerreisen in den Ferien? Spätestens in vier Jahren. Mit mir, ohne mich oder gegen mich? Das muss ich entscheiden. Dazu brauche ich einen klaren Kopf und nicht die Wochenenddroge Helmut. Der Kopf sagt, was kann dir das Kind schon nehmen. Das Herz sagt, viel, ich will es nicht, ich bin angeknackst, es flattert jetzt schon jeden Donnerstag von drei bis sechs, ich bin müde. Wie löse ich den Konflikt zwischen Kopf und Herz?

Mit einem anstrengenden Alltag bei der Zeitung? Aber die taz wird mich auffressen, hat mich immer aufgefressen. Ich will lieber mein Buch schreiben, bevor es eine Baustelle ohne Ende wird. Aber der Kopf ist zu. Was geht mich der Vietnamkrieg an, wenn ich Orgasmusprobleme habe, hat Dieter Kunzelmann in einem Kommune-1-Flugblatt geschrieben. Der Kunzelmann ist ein Spinner, aber wo er Recht hat, hat er Recht. Endlich der Einfall, tausendmal gesünder als Abstürze und Achterbahnfahren. Der Computer. Die Festplatte, die alles erträgt. Meine exklusive Selbsthilfegruppe. Endlich fließt wieder Sauerstoff in den dumpfen Kopf. Wie heißt es doch in dem russischen Sprichwort: Wenn der Bart brennt, wird die Zunge heiß. Einen Tag nach Helmuts vergessenem Goldring beginne ich den Bericht über Liebe, Ehe, Eifersucht. Das Ende vom Anfang. Der Anfang vom Ende. Vom Ende meiner Eifersucht? Vom Ende einer Ehe? Vom Anfang ehelicher Lust und Liebe? Oder: Frau Müller, wie fangen Sie es an, sich mit einem Kind abzufinden, das Ihr Mann in Lust und Liebe mit einer Mätresse gezeugt hat?

Das Schreiben hilft. Das Hasenherz blubbert, fließt über und tropft in die Tastatur. Diese Energie würde ich meinem in die Ecke gestellten Sachbuchhelden gönnen. Dann wäre das Lebenswerk übermorgen fertig und ich stünde finanziell endlich auf eigenen Beinen. Aber nicht heute. Morgen. Heute denke ich an das Ende meiner Illusionen von einem vertrauensvollen, friedlichen, loyalen, liebevoll-netten, wenn auch unterbelichteten Eheleben bis zu den Stützgriffen im Badezimmer, an dieses unschuldige Ostern vor neun Monaten. Die Bilder steigen auf, klar und scharf, als ob sie heute Morgen geknipst worden sind. Ab und zu weine ich beim Schreiben, dann wieder empöre ich mich über die Hauptpersonen. Was für eine Klamotte! Was für ein Dreigroschenroman. Kann die blöde Ehefrau ihren Bock nicht endlich in die Wüste schicken? Oder der kotznormale Ehemann nicht seine sexualgestörte Zicke? Aber dann auch wieder. Ein großer Konflikt, tatsächlich. Die beiden sind ein Liebespaar. Trotzdem. Sie geben sich Mühe, eines zu bleiben. Möge man ihnen die Daumen drücken. Und dem Kind einen Vater wünschen, damit Großmutter und Mutter es nicht nur immer auf den Rücken legen. Oder diesen Vater gerade nicht. Damit es nicht auch noch eine Macke bekommt.

Ich habe Helmut versprochen, nie wieder nach Frau und Kind zu fragen, aber es fällt mir höllisch schwer. Wie kann ich mich für Dissertationen, Institutsgeplänkel, die Bayerische Akademie der Wissenschaften und die Deutsche For-

schungsgemeinschaft interessieren, wenn ich die eigent-
lichen Fragen nicht stellen kann. Helmut ruft mich von unterwegs aus allen möglichen Orten der Bundesrepublik an,
nur nicht aus Tübingen. Ist Tübingen Terra incognita, jetzt
wo die geregelte Kinderbetreuung angefangen hat? Am
Donnerstag, dem 9. Dezember, telefoniere ich mit seinem
Anrufbeantworter. Gibt es aus Tübingen nie etwas zu erzählen, frage ich ihn blöde wie eine Herde Hammel vor
dem Schlachthaus. Der 9. Dezember ist unser Hochzeitstag. Es ist unser 28., und Helmut hat ihn vergessen. Wir
haben fast immer unsere Hochzeitstage vergessen, aber
ausgerechnet diesen? Das schmerzt, wieder registriere ich
Distanz. Ich sitze alleine vor dem Fernseher und schütte
Rotwein in mich hinein. Die Distanz ist gefährlich, Kopf
und Herz bewegen sich aufeinander zu. Ist es wirklich so
schlimm, nicht mehr an seiner Leine zu baumeln? Ich habe
dem Anrufbeantworter nicht gesagt, welch ein Tag heute
ist. Sage es auch Helmut nicht, als er weit nach Mitternacht
zurückruft. Früher hätte ich geschluchzt, jetzt bin ich reserviert. Er komme am Wochenende nach Berlin. In Pots-
dam gebe es eine Vorstandssitzung des Philologenverban-
des, anschließend nur mich.

Bis zum Wochenende habe ich beschlossen, den verges-
senen Hochzeitstag als übliche Schlamperei abzubuchen.
Man muss ja nicht aus allem und jedem ein Theater
machen, und von symbolträchtigen Ereignissen habe ich
sowieso genug. Wir bewältigen ein wenig Virginia-Woolf-
Kulturprogramm und ganz nebenbei sagt er: Am Donnerstag habe ich um halb neun beim Jugendamt das Kind anerkannt, um neun saß ich wieder im Dekanat. Na bravo,
denke ich, du bist wirklich ein fixer Junge. Wir haben trotzdem einen netten Abend im Literaturcafé verbracht, ich
weiß nicht, ob er gemerkt hat, dass ich freundlich und aufmerksam, aber ziemlich höflich gewesen bin. In der Nacht

will ich mit ihm schlafen, die Höflichkeit und die verfluchte Distanz wegbumsen. Aber es gelingt nicht. Ihm gelingt es nicht. Ich bin überarbeitet, sagt er, und ich: Du hast dein Kind an unserem Hochzeitstag anerkannt. Macht aber nichts, dann vergisst du es wenigstens nicht mehr. Macht überhaupt nichts, das passt schließlich wie die Faust aufs Auge. Mit den Liebesbemühungen ist es vorbei. Er nimmt den Frühzug nach Stuttgart, ich stehe nicht einmal auf. Auf dem Küchentisch finde ich ein Briefchen: *Verzeih mir die Eselei, bitte. Und schau, Du hast es doch auch in manchem gut. Kannst in der wunderbaren Wohnung bleiben, und ich muss in den doofen Zug steigen. Ich liebe Dich. Wirklich. Mach's gut bis Freitag. Du Schöne. Dein Helmut.*

In diesem kippligen Dezembermonat sehen wir uns jedes Wochenende. Ich brate Rinderfilets mit Senfsauce, stelle Teelichter neben unser Bett, parfümiere mich mit Amber, lege Blues-Kassetten in den Recorder, und meistens wird es gut, wenn auch etwas mühsamer als früher. Sex, lerne ich jetzt, pazifiziert Konflikte, wenigstens guter, die Wirkung will ich mir bewahren, auch wenn er weg ist. In den Nächten ziehe ich seinen löchrigen Seidenschlafanzug mit den gelben Punkten an, und während der Tage versuche ich, autonom zu werden. Mich interessieren nur noch Liebesromane und Liebesgeschichten. Mein Untermieter erzählt mir seine. Er ist ein Dichter aus Odessa, jüdischer Herkunft, sowjetrussische Sozialisation, in Berlin wegen einer kleinen Gastprofessur am Moses-Mendelssohn-Institut. Er ist seit zwanzig Jahren verheiratet mit der Mutter seiner beiden Kinder, aber mit dem Sex habe es nie geklappt. Verstehen Sie, sagt er mit einem starken jiddischen Akzent, sie hat die Kinder empfangen unter der Decke. Ich bin ein Dichter, ich verstehe die Liebe. Ich bin ein Mann, ich brauche die Liebe. Seit zwölf Jahren hat er nun eine Geliebte, auch eine Russin wie seine Frau. Sie akzeptiert seine

Verhältnisse, hat während ihrer Beziehung ein Kind bekommen – weil er nicht der Vater werden wollte, hatte sie sich einen kubanischen Samenspender ins Bett geholt. In Deutschland sollte er eigentlich deutschen Studenten Scholem Aleijchem ans Herz legen, aber eigentlich interessiert ihn nur sein eigenes. Soll er sich, oder soll er sich nicht scheiden lassen? Die Ehefrau weiß von nichts, ruft jeden zweiten Tag an, erzählt von Sohn, Tochter, dem niedlichen Hund und ob er auch jemanden habe, der ihm die Hemden bügele. Ich höre ihm zu und denke, seine Ehefrau bin ich. Aber Helmut ist nicht der Dichter. Gott sei Dank ist er nicht der Dichter. Helmut, mein Mann, vielleicht hat der Kinderschock tatsächlich unsere Ehe gerettet. Solange ich dich begehre und solange du mich begehrst, wird sie halten, Sex ist momentan spielentscheidend. Aber dann denke ich an das reale Kind, wie Helmut es im Buggy durch Tübingen schiebt, wie er ihm zu Hause zärtlich das Mützchen und das Jäckchen auszieht, und das Begehren verschwindet.

Über Weihnachten wollen wir nach Italien fahren. Fünf Tage mit der Kleinfamilie in der Mühle. Wie viel Zentimeter mag Tokyo gewachsen sein, brüllt sie immer noch so viel? Ein paar Tage, bevor wir abfahren, bekomme ich einen Brief. Einen anonymen Brief, mit falscher Postleitzahl, er war über eine Woche unterwegs. Die Absenderin – und es ist mit Sicherheit eine – wünscht der sehr Geehrten ein schönes Weihnachtsfest. Sie kenne mich und auch den Herrn Professor aus dem Film. Wenn wir beide demnächst das Fest der Liebe feierten, solle ich an das unschuldige Kindchen denken, das Weihnachten ohne seinen Vater verbringen müsse.

Ich habe den Brief verloren oder verlegt, ich habe ihn überall gesucht und nicht mehr gefunden. Ich habe ihn mit nach Italien genommen und Helmut unterwegs vorgelesen. Und jetzt ist er weg. Jedes Minifaxchen an Helmut oder von ihm bewahre ich auf, und ausgerechnet den ersten anonymen Brief meines Leben verliere ich. Ein merkwürdiger Zufall! Ich habe diesen Schrieb nicht oft gelesen, ich fand ihn viel zu peinlich, um ihn auswendig zu lernen. Wer verschickt anonyme Briefe? Wer setzt sich an eine Reiseschreibmaschine mit miserablem Farbband und denkt sich so eine Putzfrauenlyrik aus? Mit welchem Zweck? Um mir das Weihnachtsfest zu vermiesen oder dem Herrn Professor zu drohen? Gibt er Claires Sichtweise wieder? Dann ist wirklich Hopfen und Malz verloren. Wenn sie so denkt, wie von der schreibungewohnten Friseuse oder wem auch immer auf einer ganzen Seite mühsam in die Tasten gehauen, hat Helmut wenig Chancen. Dann kann er das Kind dreimal an unserem Hochzeitstag anerkannt haben, die vierfachen Alimente zahlen und sich jeden Tag kümmern, Schwein bleibt Schwein.

Ob ich nicht wisse, schreibt die mitfühlende Verfasserin, dass Lucie-Claire das Kind überhaupt nicht wollte, der Herr Professor sie aber überredet habe, weil seine Frau sowieso nichts mehr von ihm wissen wolle, eine Scheidung deshalb nicht ausgeschlossen sei. Er habe viel von Liebe geredet, ihr viele Geschenke gemacht, und es gebe auch ein wunderschönes Bild von den dreien. Es sei eine Studioaufnahme und sei sehr teuer gewesen. Dann habe er sie einfach sitzen lassen. Jetzt weine sie jede Nacht und wisse nicht mehr ein und aus. Wenn Sie am Fest der Liebe in die Kerzen schauen, sollten Sie an das arme Kind denken, von dem Ihr Mann nichts mehr wissen will. Mit freundlichen Grüßen und ein schönes Weihnachtsfest. Ihre U.

U also? Wer zum Teufel ist U? Und wohnt in der Nähe des Briefverteilungszentrums Nummer 20 oder 22? Und weiß von einem teuren Familienfoto in Marseille. Von dem bisher nirgends die Rede war. Ist U identisch mit der Person, die mich schon seit vielen Wochen, meistens Freitag zwischen Tagesschau und Tagesthemen, anruft und dann sofort wieder auflegt, wenn ich den Hörer abnehme? Wollte man gar nicht hören, ob ich da bin, sondern Helmut in Berlin erwischen? Mein Abscheu, auf eine so eklige Weise in Helmuts Affäre involviert zu werden, überwiegt, dennoch trifft die neueste Enthüllung. Ich habe ihn in Italien und zuletzt vor drei Wochen gefragt, ob es süße Papi-Mami-Baby-Fotos gebe? Nein, ganz bestimmt nicht, hatte er in Italien gesagt; nicht dass ich wüsste, vor kurzem. Eine teure Studioaufnahme, ein verlobungsähnlicher Goldring, was hat er noch alles getan, um eine Familiensituation zu simulieren? Eine Studioaufnahme gab es zu Andreijs Geburt nicht. Auf so was Spießiges wären wir beide nicht gekommen, wo es doch Kodak Klick-Klack zu 39 Pfennig den Abzug gab. Mein Mann scheint wirklich nicht der zu sein, den ich glaubte allmählich zu kennen. Ich habe mich tief verloren in diesem undeutlichen Menschen. Botho Strauß, das war einmal, das ist vorbei, jetzt möchte ich wissen, mit wem ich lebe. Allmählich finde ich mich wieder, die Fisimatenten reichen, das Maß ist voll, der Überziehungskredit aufgebraucht, aber verabschieden von diesem undeutlichen Menschen will ich mich immer noch nicht. Schon überhaupt nicht wegen eines anonymen Briefes von einer schreibungewohnten Putzfrau oder Friseuse. Helmut, frage ich auf dem langen Weg in die umbrische Mühle, warum hast du mir das Familienfoto verschwiegen, obwohl ich ausdrücklich nach einem fragte? Ich habe es nie gesehen, antwortet er, ich habe es total vergessen. In die Klinik kam eine professionelle Fotografin und hat in allen Zimmern geknipst. Wie hätte ich mich da verweigern können?

Der Brief beunruhigt ihn. Mindestens dreimal wird der Herr Professor erwähnt, das gefällt dem Egozentriker nicht. Wenn Claire die Kindergeschichte so herumerzähle wie wiedergegeben, erzähle sie nicht nur Quatsch, sondern begehe auch einen Vertrauensbruch. Vertrauensbruch? Dass ich nicht lache! Welches Vertrauen soll es zwischen ihnen noch geben, und warum auch, und wenn es eins geben sollte, dann hat er mich erneut belogen. Helmut hat von Frauen wirklich keinen Schimmer, er weiß, wo sich die Klitoris versteckt und dies nicht einmal immer. Weiß er nicht, dass es ein elementares Bedürfnis von Frauen ist, sich alles von der Seele zu reden? Mindestens einmal pro Tag. Früher war er ihr Heimwerker-Psychotherapeut, jetzt ist es eben die Putzfrau. Oder die Friseuse. Und alle ihre gemeinsamen Freunde? Und alle ihre Bekannten. Und die Bekannten erzählen ihre tragische Geschichte ihren Bekannten, und irgendwann ist die stille Post da. Der Herr Dekan ist in Tübingen eine öffentliche Figur. Das macht die Sache richtig geil. Das ist ein gefundenes Fressen für alle Voyeure. Endlich einmal ist es einfach, Partei zu ergreifen, angewandter Feminismus, der hat es ja neuerdings schwer. Nur gut, dass die Frau keine Studentin ist. Dann wäre mein Mann seinen Job los. Vor ein paar Jahren verteidigte ich in Zeitungskommentaren einen Politikprofessor, dem die Frauenbeauftragte der Freien Universität eine C-4-Berufung vermasseln wollte, weil er einer Examensstudentin den Arm um die Schulter gelegt hatte und sie trotzdem durchfallen ließ. Sexuelle Belästigung hieß der Kreuzzug, diesmal made in Germany. Beinahe hätte die Hexenjagd geklappt, sein Arm um ihre Schulter wurde zum TOP von Instituts-, dann Fakultätssitzungen, endlich Kanzlersache, wo die Sache dann beerdigt wurde. Ein Jahr später verteidigte ich in einer SFB-Talkshow ein Mitglied des Grünen Bundesvorstandes, einen verheirateten Iraner mit Kind. Der hatte in der Kneipe der Sekretärin die Hand auf den Arm gelegt und gesagt: Du hast schöne Augen.

Ich würde mich freuen, wenn mir jemand sagt, ich habe schöne Augen, erklärte ich in der Talkshow, aber es nützte nicht. Der Mann wurde mit Schimpf und Schande abgewählt und musste zur Strafe Wahlplakate kleben gehen.

Weil wir schon mal beim Thema sind, breche ich zwischen Innsbruck und Verona mein Versprechen und frage ihn nach den Vater-Sohn-Begegnungen. Ich höre, dass sie seit drei Wochen in Claires Wohnung stattfinden. Er habe mir das nicht gesagt, weil er wusste, dass ich genauso reagieren werde, wie eben vorexerziert. In der Liebeslaube, ist ja reizend! Es hätte keinen anderen Ausweg gegeben, weil Michael in seiner Wohnung nur totunglücklich gewesen sei. Seine Besuche in ihrer Wohnung machen ihm auch keinen Spaß, seien ein Übergangsstadium und verkrampft bis dorthinaus. Claire und die Großmutter verlassen das Haus, und er übt derweil ein wenig Gymnastik und füttert ihn mit Brei. Bis Arezzo habe ich mich wieder beruhigt. In der Tat. Wenn Helmut zu seinem Sohn eine Beziehung aufbauen will und umgekehrt das Kind den Vater kennen lernen soll, muss man sehr sensibel sein.

Weihnachten in der Mühle. Das Enkelkindchen ist sieben Zentimeter gewachsen und zwei Kilo schwerer geworden. Es hat muttermilchgesättigte Backen, und wenn es nicht brüllt, lächelt es, und der Himmel reißt auf, und die Engel singen. Tokyo ist in allem, was sie tut, extrovertiert und ausdrucksstark. Der sechs Wochen alte Säugling liegt auf dem Wickeltisch auf dem Bauch, hebt den Kopf, dreht ihn den Stimmen zu, zieht die Beine an, versucht den kleinen Po in die Luft zu heben, tapst mit den Fingerchen nach dem, was vor ihm liegt, ruckelt sich vorwärts und schafft tatsächlich Zentimeter für Zentimeter. Glatte zwei. Vor Anstrengung und Konzentration röten sich die Ohren, sie reißt ihre großen blau-grauen Augen auf, ihr schön geschwungener Mund verzieht sich zu einem breiten Lächeln, die Sonne ist aufgegangen und geht wieder unter. Der Kopf fällt auf die Wickelauflage, und sie brüllt und brüllt und brüllt. Tokyo ist ein Bewegungswunder und Energiebündel. Tokyo ist nicht Michael. Ich sehe Helmut, und ich sehe, er denkt an seinen Sohn. An seinen neun Monate alten Sohn, der nicht die geringsten Anstrengungen macht zu krabbeln, obwohl er einmal pro Woche versucht, es ihm beizubringen.

Tokyo liegt auf dem Wickeltisch auf dem Rücken. Sie hasst es, auf dem Rücken zu liegen. Das schränkt ihre Bewegungsfreiheit ein, da kann sie nur die Beinchen in die Luft strecken. Tokyo liegt auf dem Rücken, streckt die Beinchen in die Luft, ihr Mund verzieht sich zu einem Brüllen.

Nur das nicht, nicht das schon wieder. Helmut steht vor ihr und will das Brüllen in ein Lächeln verwandeln. Er ergreift ihre Beinchen und spielt Radfahren. Tokyo entschließt sich zu einem halben Grinsen, und Helmut ist begeistert. Sie mag das, freut er sich. Ich sehe Helmut, und ich sehe, wie er sich erinnert, letzte Woche mit seinem Sohn Radfahren geübt zu haben.

Tokyo brüllt. Sie liegt in Andreijs Armen und brüllt. Ihre Händchen greifen ins Leere, sie brüllt. Ihre Händchen finden das Gesicht, ihr Mund den linken Daumen. Sie hört auf zu brüllen. Sie nuckelt am Daumen, alle anderen Finger hat sie geradeaus über das Gesicht gelegt. Sie nuckelt mit offener Hand, ihre Finger sind so lang, dass sie bis über die Augen reichen. Zwischen den Fingerchen gucken die Augen heraus, groß, ein wenig angeschrägt, sie klappert mit den Wimpern. Sie möchte gerne lächeln und gleichzeitig nuckeln, es funktioniert aber nicht. Andreij schaut sie an und ihm steigen vor Rührung die Tränen auf. Ich sehe Andreij an und sehe Helmut, wie seine Augen vor Rührung nass werden, wenn sein Sohn ihn mit großen, traurigen Augen ansieht und dabei versucht, sich ein Mandarinenscheibchen in den Mund zu stopfen.

Tokyo lächelt, Tokyo grinst, Tokyo brüllt, Tokyo will beschäftigt werden, hat Hunger, die Windeln voll, hat Schluckauf, ist müde, Tokyo schläft. Und während es lächelt, schluckt, weint, sich bewegt, schläft, wieseln Vater und Mutter um das Kind herum. Sie platzen vor Stolz auf ihr wunderschönes, temperamentvolles Kind, sie babbeln ihm Zärtlichkeiten in das Ohr, Herzchen, Prinzessin, Keksi, Mausi, Tokyo-Süße, Schnuckischatzi, sie drücken es, sie küssen es, sie pusten auf seinen nackten Popo, sie legen ihre Gesichter auf seinen kleinen Bauch und schmatzen den Nabel ab, sie lecken seine Fingerchen ab und knabbern am kleinen Zeh, sie wischen ihm den Arsch ab, knoten sein

Mützchen fest, damit es sich nicht die Haare verkühlt, legen drei Klafter Holz in den Kamin, stellen die Wiege neben das Feuer, ziehen dem Kind drei Paar Schuhchen über die Fersen und legen ihm noch eine Daunendecke drüber und sagen, nein, das Kind wird nicht gegrillt, wieso? Händchen kalt, Öhrchen kalt, dann Kind kalt. Ob es kalt ist, ob es heiß ist, ob Tokyo wach ist oder schläft, immer sind Vater und Mutter da. Es hat eine richtige Familie. Mit Omaja und Opapa und einem niedlichen Mischlingshund unter dem Tisch, der in der Mühle geboren ist. Ich sehe Helmut an, und ich denke, er denkt an Michael. Weil er keine richtige Familie hat. Weil er ein armes Kleines ist, ohne herumwieselnden Vater, ohne Opapa, ohne Hund, dafür mit einer verbittertenttäuschten Mutter und einer Großmutter, die zu herzkrank ist, um es alleine die Treppe hinunter in den Schlosspark zu tragen. Ich sehe Tokyo und denke an Michael und schaue auf Helmut, und Helmut schaut Tokyo an, und ich denke, er sieht Michael. Er geht Holz hacken, Bäume fällen, Macchia ausreißen, Steine auf den Weg schütten.

Fast immer und fast überall schiebt sich in diesen Weihnachtstagen zwischen Helmut und Tokyo das Bild von Helmut mit Michael, und ich werde immer befangener. Ich mag Helmut nicht mehr zusehen, wie er versucht, das Kind zu wickeln, ich gucke zur Seite, wenn er es auf dem Arm hält, versuche wegzuhören, wenn er es anbabbelt. Ich vermeide Familienfotos von Omaja und Opapa mit ihrem doch so herrlich fotogenen Enkelkind. Es gibt von uns kein einziges unter dem Weihnachtsbaum, kein einziges gemeinsames aus diesen Tagen. Es gelingt mir nicht, mit ihm großelterliche Infantilitäten auszutauschen, meine Befangenheit wächst und wächst, und Unverbindliches fällt mir nicht ein, und irgendwann sage ich es ihm, wie unglücklich ich darüber bin, dass sich die Bilder von damals, als wir das Enkelkind zum ersten Mal besuchten, nicht entwickeln konnten. Damals war Michael in seinem Tübinger Alltag noch nicht präsent gewesen, heute nur drei lächerliche Stunden in der Woche, aber die drei lächerlichen Stunden sind für mich eine Ewigkeit. Rechnet man alle Stunden pro Jahr zusammen, wird der Sohn ihm in den nächsten Jahren sehr viel vertrauter werden als Tokyo. Helmut wird zuerst Vater, dann Großvater sein, er ist es schon, ganz sicher nicht nur in meinem kleinkarierten Kopf. Ich weine wieder einmal, unglücklich, weil wir einen wichtigen Teil unseres Lebens nicht mehr miteinander teilen können, weil er mir das gemeinsame Großelternerlebnis gestohlen hat. Er hat für sich das Rad wieder auf Anfang gedreht, hat die biologische und soziale Lebenskurve durcheinander gebracht. Helmut umarmt mich, küsst meine Tränen weg, versteht nicht, wie verquer ich denken kann. Er küsst mich, streichelt mich, aber die Traurigkeit kann er nicht wegwischen.

In diesen fünf Tagen in der Mühle gelingt es mir kein einziges Mal, mit Helmut zu schlafen. Ich dränge mich in seine Arme, will nur festgehalten werden. In der Mühle, zusammen mit Andreij und Moni und Tokyo, ist mir Helmuts Sohn näher als in Berlin, und es bekommt mir nicht. Liebesgeschichten sterben nur schwer. Sie krümmen sich, winden sich, quälen sich, ich denke an ein bitteres Ende und will es nicht. Aber es ist nicht wahr, dass diese Weihnachtstage nur traurig sind. Wir haben miteinander gekocht, geredet, gelacht, Malefiz gespielt, sind nach Assisi gefahren, um die erdbebengeschüttelten Fresken zu sehen, sind spazieren gegangen. Helmut und ich schoben stundenlang den Kinderwagen über den Berg und besuchten mit Tokyo die Nachbarn. Ob wir glücklich sind? Ich bin glücklich über das Enkelkindchen. Ich bin es, ich könnte es stundenlang herzen und anschauen. Nur nicht mit Helmut zusammen. Auch Andreij und Moni scheinen auf einem guten Weg zu sein. Sie tuscheln miteinander, und Andreij krault ihren Po. Diesmal schiebt sich nicht das Bild von Helmut, der Claire den Po tätschelt, über sie. Das ist vorbei, trotz Liebeslaube, trotz Goldring. Die Frau ist tot.

Die Rückfahrt nach Berlin ist über Stunden nur höflich, mir fällt kein Gesprächsthema ein, die Befangenheit ist nicht verschwunden. Ohne seinen Sohn hätten wir endlos über das Kleine geplaudert, wie herzig es ist und wie energisch. Das wissen wir beide. Bologna vorbei, Modena vorbei, Mantova vorbei, über den Brenner, und kurz vor München bricht Helmut das Schweigen oder fällt das Thema irgendwie auf uns herunter. Wird Michael uns auseinander bringen, fragt er. Er ist auf dem besten Wege, es zu tun, und wird es wahrscheinlich auch schaffen, antworte ich, und wieder einmal fließen die Tränen. Ich wünschte, sagt er, ich könnte Michael mit nach Berlin nehmen oder du würdest ihn in Tübingen sehen. Wenn du ihn kennen lernen würdest, könnte er auch für dich zu einem eigenen Menschen werden. Ich wünschte mir so sehr, dass du es zu mögen lernst. Ich werde nie ein richtiger Vater werden, aber ich will, dass er weiß, dass er einen Vater hat und niemals das Gefühl entwickelt, unerwünscht zu sein. Was Michael mit mir anfangen will, muss er später einmal selbst entscheiden. Aber wie immer er sich entscheiden wird, er soll wissen, dass du meine Frau bist, dass du und ich zusammengehören. Wir sprechen über das Kind, und je länger wir es tun und je näher Berlin rückt, desto mehr schwindet die Befangenheit, desto mehr verflüchtigt sich die Distanz, die ich in den letzten Wochen so oft gespürt habe, desto mehr sehe ich wieder den Mann ihn ihm, den ich nicht verlassen möchte.

In Berlin lieben wir uns ruhig, als hätten wir alle Zeit der Welt. Im Auto hatte uns das Schweigen getrennt, jetzt verbindet es uns. Er küsst meine Augen, meine Schläfen, meine Lippen, meine Schenkel, meine Scham, weich, zärtlich und ernsthaft, es ist drei Uhr morgens und die letzte Nacht im Jahr. Die letzte Nacht in diesem alten, brutalen, katastrophalen und leidenschaftlichen Jahr, in dem wir uns durcheinander schüttelten, bis wir am Boden lagen, wieder aufstanden und uns weiter schüttelten und immer noch nicht wissen, ob wir die TÜV-Plakette bekommen. Am Silvesternachmittag gehen wir mit dem Hund in den Grunewald, dorthin, wo ich vor einem halben Jahr auf dem Holzklotz am See saß, das Scheidungsbegehren in der Tasche. Ich bitte dich um Verzeihung, was ich dir alles in diesem Jahr angetan habe, sagt er. Diesmal schweige ich. Es geht nicht ums Verzeihen, denke ich, ich bin doch nicht katholisch. Es geht darum, Kummer und Enttäuschung als Erfahrung anzunehmen und mit Michael leben zu lernen.

Um Mitternacht stehen wir mit Freunden auf Gabrieles Dach im alten Zentrum von Westberlin, sie ist auf den Galapagos-Inseln, um sich von ihren Russen zu erholen. Wir hören die Knaller und Böller, wie die gewaltige Brandung aus Lärm auf uns zurollt und dann wieder weg und dann erneut auf uns zurollt. Wir sehen ein paar niedliche Leuchtraketen und rote, gelbe Sternenkränze, aber den Lichtdom, den die Feuilletons wochenlang als faschistisch entlarvt haben, und die fünf Großfeuerwerke nur ein paar hundert Meter entfernt, sehen wir nicht. Es herrscht Nebel, tiefster, dickster, undurchdringlichster Nebel, selbst das Haus gegenüber ist beinahe verschluckt. Es ist wunderbar. Es ist eine herrliche Nacht. Die 1.500 Kilometer von der Mühle bis nach Charlottenburg haben sich gelohnt. Ich liebe meinen zerkratzten Mann, und er liebt seine verwundete Frau. Das angeschlagene Liebespaar steht auf dem Dach, küsst und umarmt sich, hüpft vor Freude in die Luft, lässt auch ein Raketchen los und lacht sich halb tot. Es tanzt im Nebel, und ein neues Jahr beginnt.